Die kleine Lerche

Liederbuch für die Grundschule
herausgegeben von
Richard Rudolf Klein und Horst Weber

VERLAG MORITZ DIESTERWEG
Frankfurt am Main

Alle Textfassungen und Sätze sind, soweit keine anderslautende Quelle angegeben ist, Eigentum des Verlages.

Zu diesem Liederbuch ist eine Compact-Cassette mit Instrumental-Playbacks zu 30 ausgewählten Liedern erhältlich (MD-Nr. 8134).

Genehmigt für den Gebrauch in Schulen. Genehmigungsdaten teilt der Verlag auf Anfrage mit.

ISBN 3-425-03734-X

Zeichnungen und Umschlag: Hetty Krist, Frankfurt am Main
Stich: Notenstich Darmstadt, Pfungstadt-Eschollbrücken
Satz: Fotosatz Hoffmann, Messel
Druck und Bindearbeit: Druckhaus Kaufmann, Lahr

Vorwort

Die Lerche ist ein recht unscheinbarer Vogel. Sie hat kein aufregend buntes Federkleid und nistet unauffällig am Boden. Aber sie hat eine herrliche Begabung: sie kann sich unbändig freuen! Wenn die Freude sie überkommt, hält sie es am Boden nicht mehr aus, steigt hoch hinauf in die Lüfte und singt und jubiliert und mag gar nicht mehr damit aufhören. Immer höher hebt sie sich empor, bis man sie kaum noch sieht.
Lerchen kommen auch in Liedern dieses Buches vor, in dem übrigens noch eine Menge anderer Vögel herumflattern: Sperlinge, Stare, Finken und viele andere. Überhaupt tummelt sich darin eine stattliche Zahl großer und kleiner Tiere.
Selbstverständlich enthält DIE KLEINE LERCHE aber auch noch andere Lieder – alte und neue –: Lieder vom Morgen und Abend, vom Frühling bis zum Winter, Lieder aus fremden Ländern, von allerlei lustigen Leuten, Lieder zum Spielen und Tanzen, Lieder zum Nachdenken – eine bunte Vielfalt. Mal paßt das eine, mal das andere. Wer sich die Auswahl genau anschaut, wird leicht das Richtige für sich „herauspicken".

Viel Freude beim Singen, Musizieren, Üben und Lernen!

Die Herausgeber

Inhalt

Guten Morgen, guten Abend

Wachet auf! ⊙⊙ 1

Kanon zu 2 Stimmen

Text und Melodie: Johann Joachim Wachsmann.

Bruder Jakob

2

Kanon zu 4 Stimmen

Dazu Ostinato:

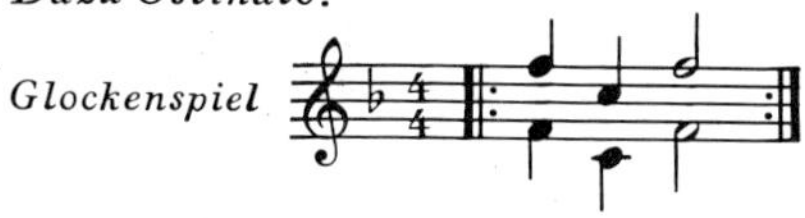

Aus Frankreich.

Heraus aus den Betten!

2. Sie geht schon spazieren durch Feld und Flur
und denkt sich: Wo bleiben die Kinder heut nur?

3. Der Hahn auf dem Hofe, die Spatzen vorm Haus,
die lachen die kleinen Langschläfer sonst aus.

4. Drum schnell in die Strümpfe, in Hosen und Kleid!
Guten Morgen, Frau Sonne! Jetzt sind wir so weit.

Text: Adolf Holst,
Melodie: Richard Rudolf Klein.
Aus: Willkommen, lieber Tag, Band 1,
Verlag Moritz Diesterweg, Frankfurt am Main.

Dazu:

H.W.

Guten Morgen, liebe Sonne

2. Alle Blumen, alle Vögel, alle Kinder sind schon wach,
alle singenden Lerchen und der Spatz auf dem Dach,
und der Spatz auf dem Dach.
Guten Morgen, guten Morgen, guten Morgen, lieber Tag.

3. Bring uns Freude, so viel Freude, wie es Blumen gibt im Feld,
und ein Lied auch am Abend, das dem Herrgott gefällt,
das dem Herrgott gefällt.
Guten Morgen, guten Morgen, guten Morgen, schöne Welt.

Text: Erich Colberg, Melodie und Satz: Hans Poser.
Aus: Heinz Lemmermann, Die Zugabe, Band 1, Fidula-Verlag, Boppard a. Rh.

Die Stadt erwacht

2. Jetzt gibt es Leben in der Stadt:
Die Zeitungsfrau, sie trägt ihr Blatt,
der Bäckerbursch fährt Brötchen aus,
Kaffeeduft zieht durch jedes Haus.

3. Zum Tagwerk eilen Mann und Frau,
die Maurer gehn an ihren Bau,
Fabriksirenen heulen auf,
der Arbeitsgang nimmt seinen Lauf.

4. Der Schutzmann stellt die Ampeln ein,
sie geben roten, grünen Schein
für Autos, Räder, Lastkraftwagen,
die nun schon durch die Straßen jagen.

5. Es hupt, es quietscht, es zischt und rattert,
es rauscht, es brummt, es dröhnt, es knattert,
es ruft, es lärmt, es pfeift und schreit:
begonnen hat die Arbeitszeit!

Dazu:

Text: Muth-Velthaus,
Melodie: Richard Rudolf Klein.
Aus: Willkommen, lieber Tag, Band 2,
Verlag Moritz Diesterweg, Frankfurt am Main.

Guten Morgen, Herr Bäcker

2. Das Brot, das ist lecker,
und ich bin der Bäcker,
das Mehl aus dem Trog,
das back ich zu Brot.
Guten Morgen, guten Morgen!

3. Das Mehl mahlt die Mühle,
die Mühle ist kühle,
das Korn wächst im Licht,
die Sonne, sie sticht.
Guten Morgen, guten Morgen!

4. Das Korn sät der Bauer,
der Bauer hat's sauer,
er arbeit' von früh
und hat seine Müh.
Guten Morgen, guten Morgen!

5. Drum sollt ihr beim Essen
nicht die Arbeit vergessen,
die Mühe und Not
nur um ein Stück Brot.
Guten Morgen, guten Morgen!

Text: Max Barthel, Melodie: Wilhelm Bender.
Aus: Unsre Katz heißt Mohrle, Verlag für deutsche Musik Robert Rühle, München.

Meinem Gott gehört die Welt

2. Und sein eigen bin auch ich.
Gottes Hände halten mich
gleich dem Sternlein in der Bahn,
keins fällt je aus Gottes Plan.

3. Wo ich bin, hält Gott die Wacht,
führt und schirmt mich Tag und Nacht,
über Bitten und Verstehn
muß sein Wille mir geschehn.

4. Täglich gibt er mir das Brot,
täglich hilft er in der Not,
täglich schenkt er seine Huld
und vergibt mir meine Schuld.

Text: Arno Pötzsch, Melodie: Christian Lahusen.
Bärenreiter-Verlag, Kassel und Basel.

Geburtstagsgruß

2. Guckt das Eichhörnchen runter: Wenig Zeit, wenig Zeit!
Guten Morgen, Rumpumpel! Dein Geburtstag ist heut.
3. Kommt das Häschen gesprungen, macht Männchen vor Freud:
Guten Morgen, Rumpumpel! Dein Geburtstag ist heut.
4. Steht der Kuchen auf dem Tische, macht sich dick, macht sich breit:
Guten Morgen, Rumpumpel! Dein Geburtstag ist heut.
5. Und der Vater und die Mutter, alle Kinder, alle Leut
schreien: Hoch der Rumpumpel! Sein Geburtstag ist heut.

Dazu:

Text: Paula Dehmel, Melodie: Karl Marx, Satz: Richard Rudolf Klein.
Bärenreiter-Verlag, Kassel und Basel.

Wir gratulieren

Kanon zu 4 Stimmen

Melodie: Moritz Hauptmann.

Glück und Segen

Text und Melodie: Herbert Beuerle.
Aus: Mein Liedersack, Burckhardthaus-Verlag, Gelnhausen und Berlin.

Weißt du, wieviel Sternlein stehen?

2. Weißt du, wieviel Mücklein spielen in der heißen Sonnenglut,
wieviel Fischlein auch sich kühlen in der hellen Wasserflut?
Gott, der Herr, rief sie mit Namen, daß sie all ins Leben kamen,
|: daß sie nun so fröhlich sind. :|

3. Weißt du, wieviel Kinder frühe stehn aus ihrem Bettlein auf,
daß sie ohne Sorg und Mühe fröhlich sind im Tageslauf?
Gott im Himmel hat an allen seine Lust, sein Wohlgefallen,
|: kennt auch dich und hat dich lieb. :|

Text: Wilhelm Hey, Melodie: volkstümlich, Satz: R.R.K.

Abendlied

3

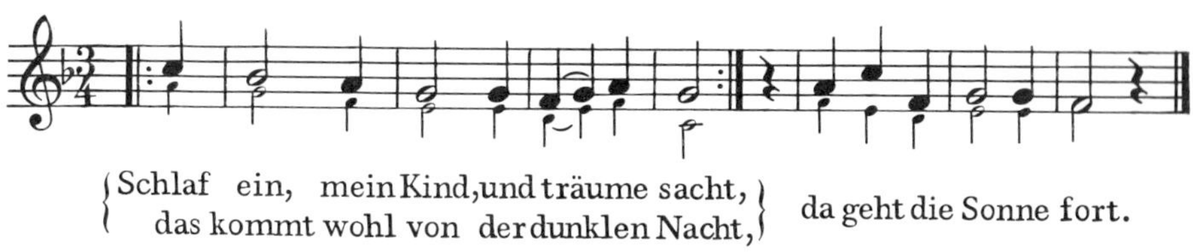

2. Warum, ach sag, warum wird unsre Stadt so still?
Schlaf ein, mein Kind, und träume sacht,
das kommt wohl von der dunklen Nacht,
weil sie dann schlafen will.

3. Warum, ach sag, warum brennt die Laterne so?
Schlaf ein, mein Kind, und träume sacht,
das kommt wohl von der dunklen Nacht,
da brennt sie lichterloh!

4. Warum, ach sag, warum gehn manche Hand in Hand?
Schlaf ein, mein Kind, und träume sacht,
das kommt wohl von der dunklen Nacht,
da geht man Hand in Hand.

5. Warum, ach sag, warum ist unser Herz so klein?
Schlaf ein, mein Kind, und träume sacht,
das kommt wohl von der dunklen Nacht,
da sind wir ganz allein.

Text: Wolfgang Borchert, Melodie: Richard Rudolf Klein.

Wiegenlied

Aus Mecklenburg.

In diesem alten Wiegenlied bringt die Mutter die Wiege ihres Kindes mit dem Fuß zum Schaukeln.

Der Mond ist aufgegangen

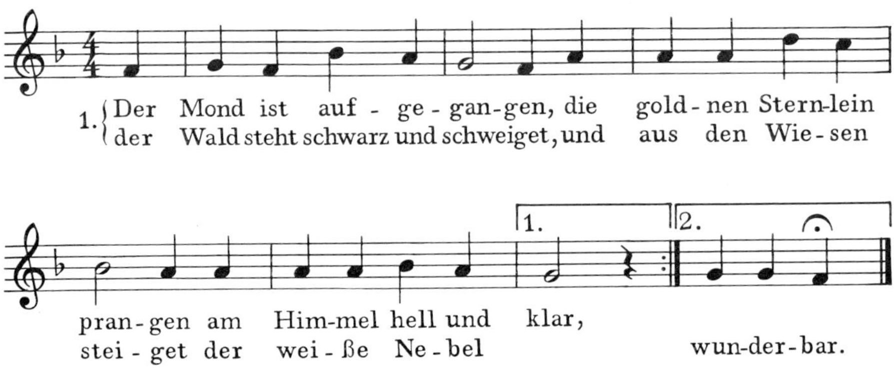

2. Seht ihr den Mond dort stehen?
Er ist nur halb zu sehen
und ist doch rund und schön.
So sind wohl manche Sachen,
die wir getrost belachen,
weil unsre Augen sie nicht sehn.

3. So legt euch denn, ihr Brüder,
in Gottes Namen nieder,
kalt ist der Abendhauch.
Verschon uns, Gott, mit Strafen
und laß uns ruhig schlafen
und unsern kranken Nachbarn auch.

Text: Matthias Claudius, Melodie: Johann Abraham Peter Schulz.

Wie man schlafen geht

2. Wißt ihr, wie die kleinen Vögel
abends gehn zur Ruh?
Wenn schon der Mond ins Nestchen sieht,
piepst jedes noch ein Abendlied
und macht die Augen zu.

3. Wißt ihr, wie die Weinbergschnecken
abends gehn zur Ruh?
Kaum blinkt der erste Stern heraus,
kriecht jede in ihr Schneckenhaus
und macht die Augen zu.

4. Wißt ihr, wie die Menschenkinder
abends gehn zur Ruh?
Kaum schaut der Mond durchs Fensterlein,
plumpst jedes in sein Bett hinein
und macht die Augen zu.

Text: Eva Rechlin, Melodie: Richard Rudolf Klein.
Aus: Willkommen, lieber Tag, Band 2, Verlag Moritz Diesterweg, Frankfurt am Main.

Das allerbeste Werkzeug

Das allerbeste Werkzeug

4

2. Das allerbeste Werkzeug
ist meine und deine Hand.
Hand zum Drehen und zum Reiben,
Blumen pflücken, Briefe schreiben:
das alles kann unsre Hand.

3. Das allerbeste Werkzeug
ist meine und deine Hand.
Hand zum Heben und zum Senken,
Pferde führen, Auto lenken:
das alles kann unsre Hand.

4. Das allerbeste Werkzeug
ist meine und deine Hand.
Bilder malen, Feld umgraben,
Nase putzen, Möhren schaben:
das alles kann unsre Hand.

5. Das allerbeste Werkzeug
ist meine und deine Hand.
Ja, uns dienen zehn Gesellen,
unsre Finger sind's, die schnellen.
Lobet die fleißige Hand!

Text: Max Barthel, Melodie: Richard Rudolf Klein.

In der Schule

1. {Mon-tag um acht, um acht, um acht, da sind wir in der Schule.
{Dort rutschen wir um acht, um acht auf unserm Wackel-stuhle.

{Rechnen sol-len wir,
{acht und fünf und vier, auf ein armes Kritzelkratzel-heft-pa - pier.
(Kritzelheft-pa pier.)

2. Dienstag um neun, um neun, um neun, da sind wir in der Schule.
Dort rutschen wir um neun, um neun auf unserm Wackelstuhle.
Schreiben wir Diktat, weiß ich keinen Rat.
Ach, was wird das heute für ein Wortsalat!

3. Mittwoch um zehn ...
Lesen wir zum Glück nicht dasselbe Stück
dreizehnmal von vorn nach hinten und zurück.

4. Donnerstag um elf ...
Malen wir ein Bild, Straße, Haus und Schild,
und der Stift rast auf dem Blatt herum wie wild.

5. Freitag um zwölf ...
Strengt sich jeder an, singt, so gut er kann,
weiß er doch: Das Wochenende fängt heut an.

6. Samstag und Sonntag bleibe mir die Schule bloß gestohlen!
Soll sie von mir aus gern und gleich und schnell der Kuckuck holen!
Ist die Plackerei endlich nun vorbei,
haben wir bis Montag dann zum Spielen frei.

Aus Frankreich.
Deutscher Text: Ottfried Pörsel,
aus: Heinz Lemmermann, Die Zugabe, Band 3, Fidula-Verlag, Boppard a. Rh.

Fleißige Handwerker

2. |: O, wie fein! :|
Der Glaser setzt die Scheiben ein.

3. |: Tauchet ein! :|
Der Maler streicht die Wände fein.

4. |: Zisch, zisch, zisch! :|
Der Schreiner hobelt glatt den Tisch.

5. |: Poch, poch, poch! :|
Der Schuster schustert zu das Loch.

6. |: Stich, stich, stich! :|
Der Schneider näht ein Kleid für mich.

7. |: Rühre ein! :|
Der Kuchen wird bald fertig sein.

8. |: Tripp, trapp, drein! :|
Jetzt gehn wir von der Arbeit heim.

9. |: Hopp, hopp, hopp! :|
Jetzt tanzen alle im Galopp.

Volkstümlich.

Dazu:

Xylophon und Triangel strophenweise abwechseln mit Glockenspiel und Holzblock.

Grün sind alle meine Kleider

2. Blau, blau, blau …
weil mein Schatz ein Leichtmatrose ist.
3. Weiß, weiß, weiß …
weil mein Schatz ein Bäcker, Bäcker ist.
4. Schwarz, schwarz, schwarz …
weil mein Schatz ein Schornsteinfeger ist.
5. Bunt, bunt, bunt …
weil mein Schatz ein Maler, Maler ist.

Die Kinder gehen im Kreis. Ein Kind tritt in die Mitte. Die andern singen diejenige Strophe, die zum Kleid des Kindes paßt.

Dazu:

Aus Brandenburg. R.R.K.

Im Märzen der Bauer

2. Die Bäurin, die Mägde, sie dürfen nicht ruhn,
sie haben im Haus und im Garten zu tun.
Sie graben und rechen und singen ein Lied,
sie freun sich, wenn alles schön grünet und blüht.

3. So geht unter Arbeit das Frühjahr vorbei,
da erntet der Bauer das duftende Heu,
er mäht das Getreide, dann drischt er es aus.
Im Winter, da gibt es manch fröhlichen Schmaus.

Aus Mähren und Niederösterreich.
Textfassung: Walther Hensel, Bärenreiter-Verlag, Kassel und Basel.

Bei der Ernte

Aus England.

Schickt mich die Mutter

2. Über den Graben, da ist es entwichen,
läuft durch die Wiese und läuft bis zum Teich.
Da kommt der Fuchs aus dem Walde geschlichen,
schnappt sich das Huhn und verschluckt es sogleich.
Packt der Teufel dich am Kragen,
oh, was werd ich der Mutter nur sagen?
Nun darf ich nimmer …

3. Jetzt werd ich Körner zur Mühle hintragen,
bring einen Sack voller Mehl dann nach Haus,
und zu der Mutter, da werde ich sagen:
„Koch eine süße Suppe daraus!"
Sind wir beide dann sattgegessen,
hat auch die Mutter das Hühnchen vergessen.
Dann darf ich wieder …

Aus Norwegen.
Deutscher Text: Barbara Heuschober, aus: Pro-musica-Liederbuch,
Möseler-Verlag, Wolfenbüttel und Zürich.

Der Müller hat ein Mühlenhaus

2. Der Bäcker, der backt weiße Wecken, wi-wa-weiße Wecken,
   braunes Brot und Streuselschnecken, Stri-Stra-Streuselschnecken.
   Weiße Wecken – Streuselschnecken,
   Mühlenhaus – Mehl heraus:
   So sieht unsre Wirtschaft aus.

3. Der Schlachter schlacht ein feistes Schwein, fi-fa-feistes Schwein
   und pökelt Speck und Schinken ein, Schi-Scha-Schinken ein.
   Feistes Schwein – Schinken ein,
   …

4. Der Bauer hat 'ne bunte Kuh, bi-ba-bunte Kuh,
   die gibt uns Milch und Butter dazu, Bi-Ba-Butter dazu.
   Bunte Kuh – Butter dazu,
   …

5. Die Henne macht ein laut Geschrei, li-la-laut Geschrei,
   und legt dabei ein frisches Ei, fri-fra-frisches Ei.
   Laut Geschrei – frisches Ei,
   …

Dazu:

H.W.

Text: nach Paula Dehmel, Melodie: Adolf Lohmann.
Aus: Die Liedergarbe, Christophorus-Verlag, Freiburg i. Br.

Der Bergsche Fuhrmann

2. Vier breite Räder, die muß sein Wagen habn. Damit fährt er …
3. Eine feste Deichsel, die muß sein Wagen habn. …
4. Vier starke Rappen, die muß sein Wagen habn. …
5. Recht viel schöne Gäste, die muß sein Wagen habn. …

Dazu:

Altes Fuhrmannslied aus dem Bergischen Land.
Textfassung: Fritz Jöde, Möseler Verlag, Wolfenbüttel und Zürich.

Was ist mit unserm Auto los?

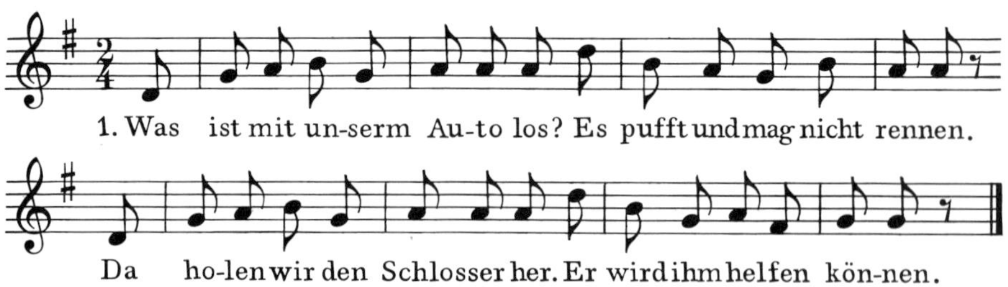

2. Der Schlosser klappt die Haube auf
und dreht was an den Schrauben.
Er sagt: Ja, ja, daß das nicht fährt,
das will ich gerne glauben.

3. Drauf gibt er ihm ein wenig Öl,
setzt neue Kerzen ein.
Und, siehst du wohl, das Auto fährt
hin über Stock und Stein.

Dazu:

Text: Betty Weber, Melodie: Richard Rudolf Klein.
Aus: Willkommen, lieber Tag, Band 1, Verlag Moritz Diesterweg, Frankfurt am Main.

Jan und der Kahn

⊙⊙ 5

2. Dem Jan gehört das Meer,
da fährt er kreuz und quer,
und das gefällt ihm sehr.
Ahoi, ahoi, ahoi!

3. Der Jan, der ist gar schlau,
er fängt den Kabeljau
und auch die Seejungfrau. …

4. Und schlägt die Glock halb zehn,
dann will er nichts mehr sehn,
will in die Koje gehn. …

5. Der Jan fährt mit dem Kahn,
der Kahn fährt mit dem Jan,
und so wird's weitergahn. …

Dazu:

Text: Rudolf Otto Wiemer, Melodie: Horst Weber.

Die alte Lok

Dazu auf Fellinstrumenten mit einer Hand reiben:

Text: Bruno Horst Bull, Melodie: Horst Weber.

Komm, steig ein

2. Wir fahren mit der Straßenbahn.
Komm, steig ein!
Wir fahren mit der Straßenbahn
ganz allein.
Kommt sie an die Kreuzung ran,
bimmelt sie, so laut sie kann.
Komm, steig ein!

3. Wir fahren mit der U-Bahn.
Komm, steig ein!
Wir fahren mit der U-Bahn
ganz allein.
Fährt die U-Bahn in den Schacht,
wird im Wagen Licht gemacht.
Komm, steig ein!

Dazu Schlagzeug:

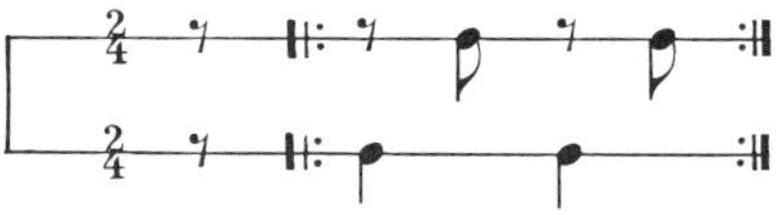

Text: Hanna Schachenmeier, Melodie: Richard Rudolf Klein.
Aus: Willkommen, lieber Tag, Band 2, Verlag Moritz Diesterweg, Frankfurt am Main.

Greifen Sie zu!

2. „Tag, Herr Seemann!“ „Tag, Frau Lehmann!“ „Womit kann ich dienen?
Meine Eier sind nicht teuer, die empfehl ich Ihnen!
Grüne Seife, gelbe Seife, Ata und Persil!
Kommen Sie und kaufen Sie, es kostet gar nicht viel.“
„Geben Sie mir diese Wurst hier und ein Viertel Quark.“
„Gern geschehen, Handumdrehen! Kostet eine Mark.“

3. So geht's weiter, keck und heiter, bis der Tag vorbei.
Noch im Bette um die Wette rufen alle drei:
„Marmelade, Schololade kaufen Sie bei mir!
Groben Zucker, feinen Zucker, alles gibt es hier!
Weiße Knöpfe, schwarze Knöpfe, Bänder für die Schuh!
Garn und Faden gibt's im Laden, greifen Sie nur zu!“

Text: James Krüss, Melodie: Herbert Beuerle.
Aus: Mein Dudelsack, Burckhardthaus-Verlag, Gelnhausen und Berlin.

Müllschlucker Paul

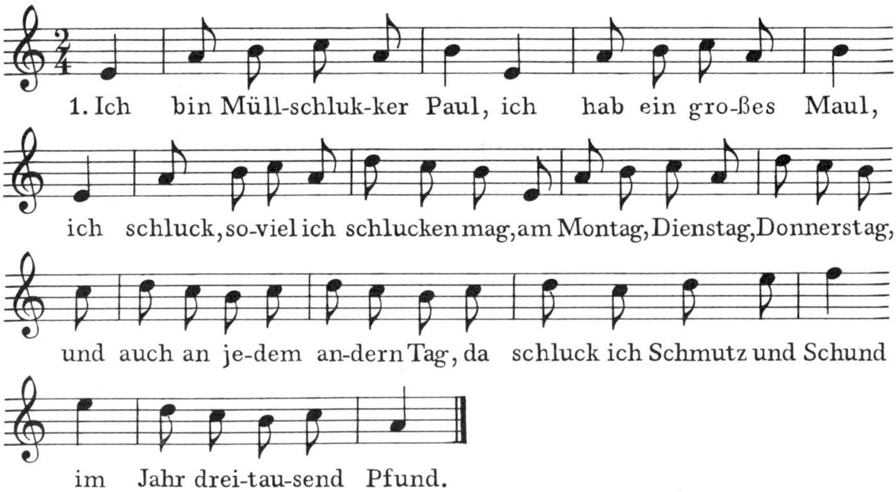

2. Ich bin Müllschlucker Paul,
ich hab ein großes Maul,
ich schlucke Büchsen, Flaschenglas,
das Blatt, in dem der Papa las,
Blech, Plastiktüten, dürres Gras,
Gerümpel kunterbunt –
im Jahr dreitausend Pfund.

3. Ich bin Müllschlucker Paul,
ich hab ein großes Maul,
ach, könnt ich schlucken Zank und Streit,
die Hungersnot, den Haß, den Neid,
ich schluckte sie für alle Zeit,
im Jahr dreitausend Pfund –
dann wär die Welt gesund.

Text: Rudolf Otto Wiemer, Melodie: Wilhelm Keller.
Aus: Mosaik 201, Fidula-Verlag, Boppard a. Rh.

Arbeit ist aus

Kanon zu 2-4 Stimmen

Text und Melodie: Walter Rein.
Aus: Der Ring bindt alle Ding, Bärenreiter-Verlag, Kassel und Basel.

Wenn du mit uns spielen willst

Wir sind die Musikanten

2. Ich bin ein Musikante und komm aus Schwabenland.
Wir sind die Musikanten und kommen aus Schwabenland.
Ich kann spielen auf der Trompete.
Wir können spielen auf der Trompete.
|: Tä rä tä tä :|

3. ... auf der Flöte.
|: Didl lid lid lid :|

4. ... auf der Trommel.
|: Tiri dom dom dom :|

Dazu:

Volkstümlich. H.W.

Musikanten, die kommen

2. Musikanten, die kommen, die spielen so hell!
Bald tanzt auch das Sofa, das alte Gestell,
Musikanten, die kommen, die spielen so hell!

3. Die Tassen und Teller, die tanzen herum,
und nun auch der Milchpott, klabumm, kippt er um!
Die Tassen und Teller, die tanzen herum.

Text: Volkslied, Melodie: Walther Pudelko.
Bärenreiter-Verlag, Kassel und Basel.

Wenn du mit uns tanzen willst

2. Wenn du mit uns singen willst, mußt du freundlich sein!
Grämliche, Hämische, Grämliche, Hämische lassen wir nicht ein …

3. Wenn du mit uns spielen willst, mußt du friedlich sein.
Zanken und schlagen, ja, zanken und schlagen, das führen wir nicht ein …

4. Wenn du mit uns turnen willst, mußt du lustig sein!
Purzeln und springen, ja, purzeln und springen, das lassen wir nicht sein …

Text: Anneliese Schmolke, Melodie: Hans Bergese.
Aus: Wenn du mit uns tanzen willst, Weidmannsche Verlagsbuchhandlung im Hause Georg Olms Verlag, Hildesheim.

Tanz, Maruschka, tanz, Petruschka!

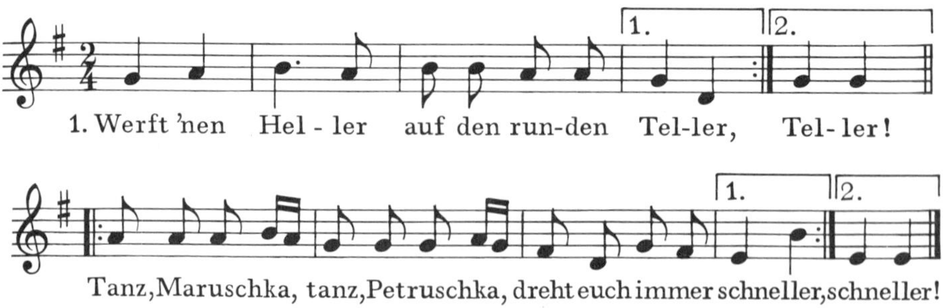

2. Ihr müßt singen, Dudelsack wird klingen.
Tanz, Maruschka, tanz, Petruschka, sollt im Kreise schwingen!

3. Hört, die Geigen wollen auch nicht schweigen!
Tanz, Maruschka, tanz, Petruschka, wirbelt fort im Reigen!

4. Freunde, trinket! Stern am Himmel blinket!
Tanz, Maruschka, tanz, Petruschka, bis der Morgen winket!

Dazu:

H. W.

Aus Jugoslawien.
Deutscher Text: R. B. Schindler, aus: Die Zugabe, Band 2, Fidula-Verlag, Boppard a. Rh.

Schustertanz

7

Außen ist ein Kreis Mädchen, innen ein Kreis knieender Jungen. Die Mädchen setzen den Fuß auf das Knie der Jungen, welche die Bewegungen der Schuster ausführen. Im zweiten Liedteil wird getanzt. Dann gehen die Mädchen zum nächsten Schuster weiter.

Dazu:

H.W.

Aus Pommern.

Die Waschfrauen

2. Sie spülen …
3. Sie wringen …
4. Sie bügeln …
5. Sie falten …
6. Sie schlafen …
7. Sie tanzen …

Die Kinder stehen im Kreis. Im ersten Liedteil strecken sie abwechselnd den linken und rechten Fuß vor. Im zweiten Liedteil ahmen sie die entsprechende Bewegung nach.

Volkstümlich.

Ein Schneider fing 'ne Maus

2. Was macht er mit der Maus?
3. Er zieht ihr ab das Fell.
4. Was macht er mit dem Fell?
5. Er näht sich einen Sack.
6. Was macht er mit dem Sack?
7. Er steckt hinein sein Geld.
8. Was macht er mit dem Geld?
9. Er kauft sich einen Bock.
10. Was macht er mit dem Bock?
11. Er reitet im Galopp.
12. Was macht er im Galopp?
13. Er fällt gleich in den Dreck!

Dazu:

Die Kinder bilden einen Kreis und singen. Innen stehen der Schneider, die Maus und der Bock und stellen pantomimisch die Vorgänge dar, welche der Text schildert. Zum Schluß lachen die Kinder den Schneider aus.

Aus Hessen.

Widewidewitt

Erster Teil: Großer Kreis, Hände fassen, 16 Laufschritte nach links, 16 Laufschritte nach rechts. Dann:

1. Dat is ein - mol. *rechten Fuß vor und wieder zurück setzen*
2. Dat is twei - mol. *linken Fuß …*
3. Dat is drei - mol. *auf das rechte Knie niederlassen*
4. Dat is vier - mol. *auf das linke Knie …*
5. Dat is fiew - mol. *rechten Ellenbogen auf den Boden aufstützen*
6. Dat is söß - mol. *linken Ellenbogen …, Kinn in beide Hände*
7. Dat is söben-mol. *mit der Stirn den Boden berühren*

Siebensprung aus Mecklenburg.

Es kam ein Bauer aus Schweizerland

2. Und auf dem Esel lag ein Tuch, kadee, kadolleke, keda,
   das der Bauer zu dem Schneider trug, laberdi, laberda, laberdonia,
   das der Bauer zu dem Schneider trug, Caecilia!
3. „Ach Schneider, bester Schneidersmann, miß mir ein feines Röcklein an!"
4. Und als das Röcklein war gemacht, ging der Bauer zu seiner Frau und fragt:
5. „Nun sag mir, liebes Frauchen mein, steht mir der Rock nicht wirklich fein?"
6. „Der Rock, der steht dir gar nicht gut, du hast 'nen Leib gleichwie 'ne Kuh!"
7. Der Bauer packt voll Wut den Rock und nimmt mit sich den dicksten Stock.
8. „O Schneider", sprach er, „Schneiderlein, du hast mir verdorben mein Röckelein."
9. „Hab ich dir verdorben dein Röckelein, ich hab's geschnitten im Mondenschein."
10. „Hast du's geschnitten im Mondenschein, will ich's bezahlen im Sonnenschein."
11. Der Bauer wirft ihm hin den Rock und zahlt dem Schneider mit dem Stock.
12. Doch auch der Schneider war nicht dumm: er stach den Bauer von hinten herum.

Aus den Niederlanden.
Deutscher Text: Gottfried Wolters, aus: Das singende Jahr, Möseler-Verlag, Wolfenbüttel und Zürich.

Erzähler, Bauer, Bäuerin, Schneider stehen im Kreis, der von den übrigen Kindern gebildet wird. Die vier Darsteller singen und bewegen sich entsprechend dem Text. Die Kreiskinder stemmen die Hände in die Hüften und bewegen sich abwechselnd nach links und rechts. Die Nonsens-Silben können sie mit Klatschen, Stampfen u. ä. begleiten.

Dazu Stabspiel (dann ohne Gitarre):

H.W.

O Bur, wat kost dien Hei?

2. Mien Hei, dat kost ne Kraun, mien Hei, dat kost ne Kiärmeßkraun, juchheißa-vivat-Kiärmeßkraun, mien Hei, dat kost ne Kraun.
3. O Bur, dat is veel to dür! ...
4. Nu söch sich de Bur ne Fru, ...
5. Dütt is miene leiwe Fru. ...
6. O Bur, wat ne schöne Fru! ...
7. Nu söch sich de Bur nen Kind, ...
8. Dütt is mien leiwet Kind. ...
9. O Bur, wat nen schönet Kind! ...

weiter: Nu söch sich de Bur ne Magd, ... nen Knecht, ... nen Rüen, ... nen Knuocken, ... nen Pottlecker, ...

zum Schluß: Nu kriäg de Bur nen Schupps! ...

Die Kinder gehen im Kreis und singen. Der Bauer steht in der Mitte und holt nacheinander Frau, Kind, Magd, Knecht, Hund, Knochen und Pottlecker zu sich in den Kreis, wo er mit ihnen einen kleinen Kreis in Gegenrichtung bildet. Zum Schluß kriegt er einen Schubs und wird hinausgejagt, dabei klatschen alle in die Hände.

Aus Westfalen (in Münster als „Lambertuslied“ bekannt).

Der Herr, der schickt den Jockel aus

2. Da schickt der Herr den Pudel aus,
er soll den Jockel beißen.
Der Pudel beißt den Jockel nicht,
der Jockel schneidt den Hafer nicht
und kommt …

3. Da schickt der Herr den Prügel aus,
er soll den Pudel prügeln.
Der Prügel prügelt den Pudel nicht,
der Pudel beißt den Jockel nicht,
der Jockel schneidt den Hafer nicht
und kommt …

4. Da schickt der Herr das Feuer aus,
es soll den Prügel brennen …

5. Da schickt der Herr das Wasser aus,
es soll das Feuer löschen …

6. Da schickt der Herr den Ochsen aus,
er soll das Wasser saufen …

7. Da schickt der Herr den Metzger aus,
er soll den Ochsen schlachten …

8. Da schickt der Herr den Teufel aus,
er soll den Metzger holen.
Der Teufel holt den Metzger,
der Metzger schlacht't den Ochsen,
der Ochse säuft das Wasser,
das Wasser löscht das Feuer,
das Feuer brennt den Prügel,
der Prügel prügelt den Pudel,
der Pudel beißt den Jockel,
der Jockel schneidt den Hafer
und kommt und kommt
und kommt dann auch nach Haus.

Text: volkstümlich, Melodie: Carl Orff.
Aus: Carl Orff, Schulwerk, Band III, Verlag B. Schott's Söhne, Mainz.

Alouette

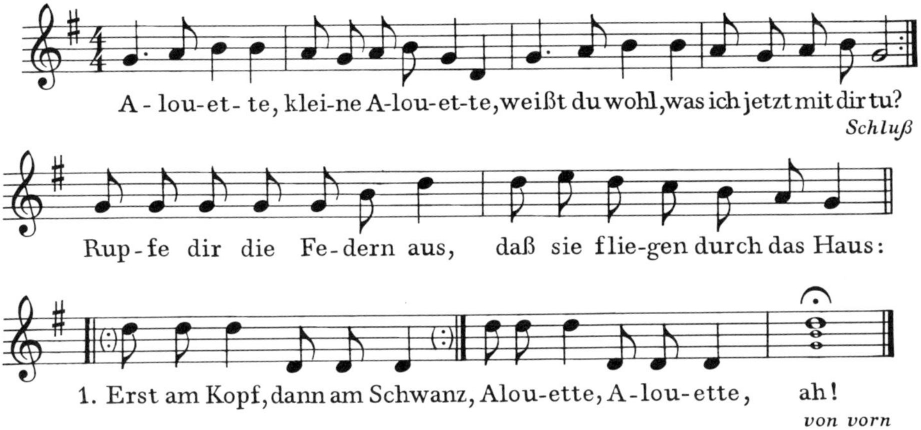

2. Und am Bauch, Flügel auch,
erst am Kopf, dann am Schwanz,
Alouette, Alouette, ah!

3. Füße, Schnabel, Stirn und Backen,
Augen, Ohren, Hals und Nacken,
und am Bauch, Flügel auch,
erst am Kopf, dann am Schwanz,
Alouette, Alouette, ah!

Schluß: Alouette, kleine Alouette,
weißt du wohl, was ich jetzt mit dir tu?
Alouette, kleine Alouette,
keine Angst, ich lasse dich in Ruh.

Dazu:

Der kleinen Lerche werden an allen möglichen und unmöglichen Stellen die Federn ausgerupft. Während des Singens die entsprechenden Gesten bei sich selber oder bei einem andern Kind machen. Zum Schluß hin immer schneller!

Aus Kanada.
Deutscher Text: Brigitte Lentze.

In Mutters Stübele

2. Muß fast erfrieren drin vor lauter hm, hm, hm, … vor lauter Wind.
3. Du nimmst den Bettelsack und ich den … Korb.
4. Ich geh vors Herrenhaus und du vors … Tor.
5. Ich krieg ein Apfele und du ein … Birn.
6. Du sagst „Vergelt es Gott“ und ich sag … „Dank“.

Aus dem Breisgau.

Dazu:

H.W.

Murmeltier kann tanzen

2. Alle Herrn und Damen standen da vor meiner Tür,
wollten mich bestaunen mit meinem Murmeltier.
3. Murmeltier kann tanzen, eins und zwei und drei und vier,
Murmeltier kann tanzen, kleines Murmeltier.

Dazu:

H.W.

Die Kinder gehen im Kreise herum. Eins steht in der Mitte. Bei der dritten Strophe bleibt der Kreis stehen, alle klatschen in die Hände, und das in der Mitte stehende Kind tanzt auf der Stelle.

Aus Württemberg.

Tanzt Dideldum mit Federfein

8

Aus Südfrankreich.
Deutscher Text: von Kindern der Jugendmusikschule Remscheid (Karl Lorenz).
Aus: Meinolf Neuhäuser, Musikalische Früherziehung, Verlag Moritz Diesterweg, Frankfurt am Main.

Die Elefanten-Karawane

1. Ein E-le-fant wollt bummeln gehn, sich die wei-te Welt be-sehn.
2. Lang-sam setzt er Fuß vor Fuß, denn er ist kein Om-ni-bus.
3. Bald ist er nicht mehr al-lein, al-les trampelt hin-ter-drein.
4. Und schon singt das gan-ze Land die-ses Lied vom E-le-fant:

Ein Elefant fängt an, im Elefantenschritt zu trotten, drei Schritt nach vorn (links, rechts, links). Dann auf der Stelle rechten Fuß nach links übersetzen und zurück, linken nach rechts, rechten nach links. Dann wieder drei Schritte nach vorn, rechts, links, rechts; dann dreimal übersetzen und so fort. Einer nach dem andern hängt sich an, so daß schließlich eine lange Karawane im Elefantenschritt unterwegs ist.

Aus Amerika.
Spielfassung: Ulrich Kabitz, aus: Der Eisbrecher, Fidula-Verlag, Boppard a. Rh.

Drei alte Weiber

Mora sprich: Muhra.

2. Drei junge Burschen, die wollten einmal gehn …

3. Drei kleine Mädchen, …

1. Zeile: *Alle gehen frei durch den Raum. Bei der Wdh. Dreiergruppen bilden: je 3 Jungen oder Mädchen gehen miteinander weiter. Am Schluß bleiben sie vor einer anderen Dreiergruppe stehen (nach Möglichkeit Jungen vor Mädchen und umgekehrt).*

2. Zeile: *Dem gegenüberstehenden Partner die Hände geben und Spreizsprünge am Platz ausführen:*

Nach dem letzten Sprung in die Hände klatschen und

3. Zeile: *rechtsarmig eingehakt hüpfend umeinander tanzen, bei der Wdh. linksarmig und in umgekehrter Richtung.*

Aus Schweden.
Deutscher Text (1. Strophe): Franz Ganslandt, aus: Tanz mit – Singtänze, Fidula-Verlag, Boppard a. Rh.
Tanzfassung: nach Karl Lorenz, Europäische Jugendtänze, Verlag Moritz Diesterweg, Frankfurt am Main.

Sascha

2. Saschas Vater wollt mit Pferden
reich und wohlbehäbig werden;
viele drehen manche Runde,
zehn Kopeken in der Stunde. …

3. Sascha liebte nur Geflügel,
Rosse hielt er streng am Zügel,
tat sie striegeln oder zwacken
an den beiden Hinterbacken. …

4. Und die kleinen Pferdchen haben
Sascha, diesen Riesenknaben,
irgendwoherum gebissen
und die Hose ihm zerrissen. …

Aus Rußland.
Deutscher Text: 1. Strophe mündlich überliefert,
2.–4. Strophe: Anton B. Kraus, aus: Die Zugabe, Band 2,
Fidula-Verlag, Boppard a. Rh.

Dazu:

H.W.

Kasperletheater

9

Das Lied kann in Dur oder Moll gesungen und begleitet werden, z. B.: Strophen 1, 2, 3 in Dur, Str. 4, 5, 6 in Moll, Str. 7, 8 in Dur.

2. Langsam und mit Würde
schreitet er voll Bürde,
auf dem Kopf die Krone,
hin zu seinem Throne.
Ob ihr wißt,
wer das ist?
Ja, der König!

3. Zierlich, mit Geschmeide
rauscht sie an in Seide.
Manchmal ist sie traurig,
und dann weint sie schaurig.
Ob ihr wißt, wer das ist?
Die Prinzessin!

4. Wackelzahn, so heißt sie,
manchmal kratzt und beißt sie,
schimpft und kichert heiser,
oft auch kommt sie leiser.
Ob ihr wißt, wer das ist?
Ja, die Hexe!

5. „Hokus, pokus!“ sagt er,
„Fidibus!“ so klagt er,
will es nicht gelingen
mit ganz rechten Dingen.
Ob ihr wißt,
wer das ist?
Ja, der Zaubrer!

6. Dunklen Hut mit Feder,
kennt ihn wohl ein jeder.
Selten wir ihn trafen,
kommt, wenn wir schon schlafen.
Ob ihr wißt, wer das ist?
Ja, der Räuber!

7. Kinder, keine Bange!
Unrecht währt nicht lange.
Einer kommt und holt ihn,
muß es sein, versohlt ihn.
Ob ihr wißt, wer das ist?
Ja, der Polizist!

8. Den könnt ihr nicht sehen,
hinterm Vorhang stehen
muß er. Trägt die Köpfe,
Kasperlegeschöpfe.
Ob ihr wißt, wer das ist?
Ja, der Puppenspieler!

Dazu:

Text: Heinrich Maria Denneborg, Melodie: Jürgen Blume.

Im Zirkus Hakrobuschani

2. Die Nashörner kamen auf Amseln geritten im Zirkus Hakrobuschani.
   Der Floh hat sich mit der Giraffe gestritten im Zirkus Hakrobuschani.
3. Die Löwen sprangen durch Nadelöhren …
   Die Fliegen hört man wie Hirsche röhren …
4. Den Walzer tanzte sehr elegant …
   der tonnenschwere Herr Elefant …
5. Zum Schluß spielt der Clown ein Liedchen zum Schunkeln …
   Er ist der Direktor, so hörte ich munkeln, vom Zirkus Hakrobuschani.

Text: nach Heinz Vonhoff, Melodie: Richard Rudolf Klein.
Aus: Werkblätter für Fest und Feier, Mappe 45, Deutscher Theaterverlag, Weinheim.

Zirkus Hakrobuschani = Zirkus Hagenbeck – Krone – Busch – Sarrasani.

Heute träumt ich einen Traum

Reise zum Mond

Refrain (auf die gleiche Melodie wie die Strophen zu singen):

Kolumbus war mein Ururahn,
mein Urahn war Münchhausen,
mein Opa der Klabautermann
und ich hab ihre Flausen.

Doch weil ich auch nicht anders kann,
fang ich genau dasselbe an:
Ich muß 𝄽 die 𝄽 gan- 𝄽 ze
Welt durchsausen.

2. Ich würde auch zum Morgenstern
und auf die Venus brausen.
Aus dieser Höhe blickte ich
auf Hinterhopfenhausen.
Und wenn die Sterne untergehn,
dann dürft ihr dreimal raten!
Nein, auf die Sonne flieg' ich nicht.
Ich laß' mich doch nicht braten.

Kolumbus …

3. Ich flöge gerne hin und her
durch Länder und durch Städte
und über alle Meere hin
mit einer Mondrakete.
Ich könnte mich bei Tag und Nacht
in Reiseträumen wiegen
und werde, wenn's kein Ende nimmt,
nur von der Schule fliegen.

Kolumbus …

Text: Eva Rechlin, Melodie: Richard Rudolf Klein.

Das Wunsch-Lied

2. Der Allerschönste ist nicht froh,
denn schön ist er ja sowieso.
Doch eines wünscht er sich so sehr:
daß er der Allerstärkste wär.

3. Der Allerstärkste ist nicht froh,
denn stark ist er ja sowieso.
Doch eines wünscht er sich so sehr:
daß er der Allerklügste wär.

4. Der Allerklügste ist nicht froh,
denn klug ist er ja sowieso.
Doch eines wünscht er sich so sehr:
daß er der Allergrößte wär.

Text und Melodie: Klaus Hoffmann.
Pläne Musik, Hamburg.

Wenn die Tiere träumen

10

2. Die Bäume verprügeln die Winde.
   Der Lehrer verbeugt sich vorm Kinde.
   Vorm Huhn nimmt der Fuchs sich in acht.
   Warum denn? Ja, wann denn? Bei Nacht.
   Aha! Ei darum! Ei deshalb! Bei Nacht.

3. Der Wachtmeister flieht vor dem Diebe.
   Den Hasen verfolgt eine Rübe.
   Ein Pferd schlägt den Knecht mit dem Zaum.
   Warum denn? Ja, wann denn? Im Traum.
   Aha! Ei darum! Ei deshalb! Im Traum.

4. Die Katze fängt wieder die Mäuse.
   Das Äfflein knackt wieder die Läuse.
   Der Wolf holt sich wieder ein Schaf.
   Wieso denn? Was ist denn? ’s ist Tag.
   Aha! Ei darum! Ei deshalb! ’s ist Tag.

Text: James Krüss, Melodie: Horst Weber.

Dazu:

Heute träumt ich einen Traum

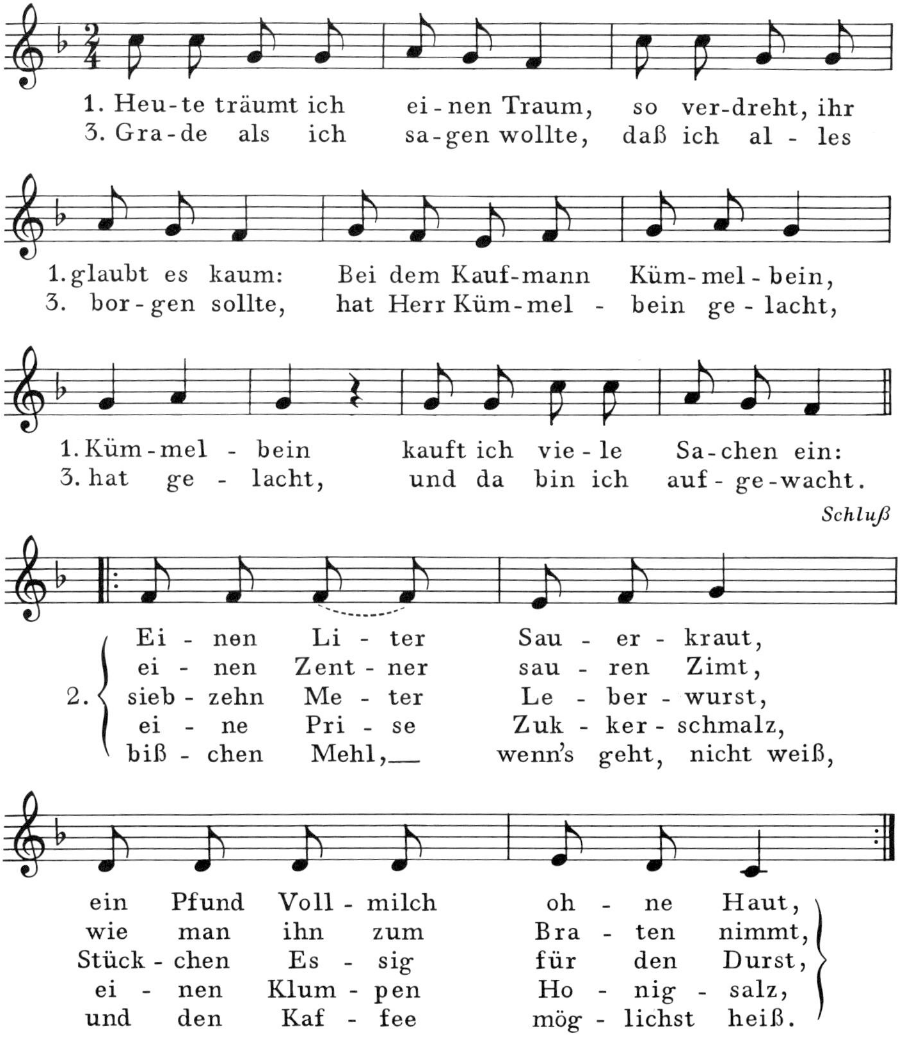

Text: Herbert Kümmel, Melodie: Richard Rudolf Klein.
Aus: Willkommen, lieber Tag, Band 2, Verlag Moritz Diesterweg, Frankfurt am Main.

Kommt ein Reitersmann daher

2. Kommt ein Kaufmannssohn daher auf der grünen Wiese,
hat ein Wams von Seide an, neigt sich vor der Liese:
Jungfer lieblich …

3. Kommt ein Schneiderlein daher auf der grünen Wiese,
hat ein grünrot Röcklein an, neigt sich vor der Liese:
Jungfer lieblich …

4. Liese wartet Jahr um Jahr auf der grünen Wiese,
doch kein König kommen mag, keiner spricht zur Liese:
Jungfer lieblich, Jungfer schön, tanzen wir ein wenig?
Ach, wie wär das Tanzen schön, wär's auch grad kein König!

5. Kommt der Schweinehirt daher, Jochen Christoph Stoffel,
hat nicht Schuh noch Strümpfe an, trägt nur Holzpantoffel.
Lieber Stoffel, tanz mit mir auf der grünen Wiese!

Aus Schwaben.

Aus Glas

2. Alle Leut, die auf der Straße gehen,
   bleiben stehen,
   um einander durch mich anzusehen.
3. Und die vielen andern Kinder schrein:
   Ei, wie fein!
   Ich, ich, ich will auch durchsichtig sein.
4. Doch ein Lümmel stößt mich in den Rücken.
   Ich fall hin.
   Klirr, da liege ich in tausend Stücken.

Dazu Ostinato:

R.R.K.

Text: Josef Guggenmos, Melodie: Horst Weber.
Aus: Miesemausekätzchen, Fidula-Verlag, Boppard a. Rh.

Es hat die Welt sich schön erneut

Frühling, Sommer, Herbst und Winter

2. Der Frühling bringt Blumen,
der Sommer den Klee.
Der Herbst, der bringt Trauben,
der Winter den Schnee.

Aus der badischen Pfalz.

Zwischen- und Nachspiel:

R.R.K.

Singt ein Vogel

2. Blüht ein Blümlein, blüht ein Blümlein,
blüht im Märzenwald,
kommt der helle, der helle Frühling,
kommt der Frühling bald.
Komm doch …

3. Scheint die Sonne, scheint die Sonne
in den Märzenwald,
kommt der helle, der helle Frühling,
kommt der Frühling bald.
Komm doch …

Text und Melodie: Heinz Lau.
Aus: Gottfried Wolters, Das singende Jahr, Möseler-Verlag, Wolfenbüttel und Zürich.

Nun kommt die schöne Zeit

2. In Busch und Feld und Wald
hört man die Vöglein bald,
die Blumen sprießen all hervor
und die helle Sonne
kommt aus ihrem Tor.

Text und Melodie: Hans Poser.
Aus: Lieselotte Rockel, Das zweite Liedernest, Fidula-Verlag, Boppard a. Rh.

Alle Vögel sind schon da

2. Wie sie alle lustig sind,
flink und froh sich regen!
Amsel, Drossel, Fink und Star
und die ganze Vogelschar
wünschen uns ein frohes Jahr,
lauter Heil und Segen.

3. Was sie uns verkünden nun,
nehmen wir zu Herzen:
wir auch wollen lustig sein,
lustig wie die Vögelein,
hier und dort, feldaus, feldein
singen, springen, scherzen!

Dazu Flöte:

R.R.K.

Text: Heinrich Hoffmann von Fallersleben, Melodie: Volksweise.

Der Lenz ist angekommen

2. Ihr seht es an den Feldern,
ihr seht es an den Wäldern;
der Kuckuck ruft, der Finke schlägt,
es jubelt, was sich froh bewegt:
Der Lenz ist angekommen!

3. Hier Blümlein auf der Heide,
dort Schäflein auf der Weide,
ach seht doch, wie sich alles freut!
Es hat die Welt sich schön erneut:
Der Lenz ist angekommen!

Text: Christian August Vulpius, Melodie: Friedrich Silcher.

April, April

11

Kanon zu 2 Stimmen

2. April, April hat sein eigenen Will:
   weißer Hagelschlag, schwarze Wolken, so ein Tag!
3. April, April hat sein eigenen Will:
   Donner, Wind und Blitz, Sonne, Regen, so ein Witz!
4. April, April, mag er tun, was er will!
   Eh man sich's versieht, singt die Lerche ihr Lied.

Dazu Ostinato:

R.R.K.

Melodie und Text der 4. Strophe: Carl Reinecke.
1. Strophe: aus Süddeutschland, 2. und 3. Strophe: Brigitte Lentze.

Dieser Kuckuck!

in 2 Gruppen zu singen

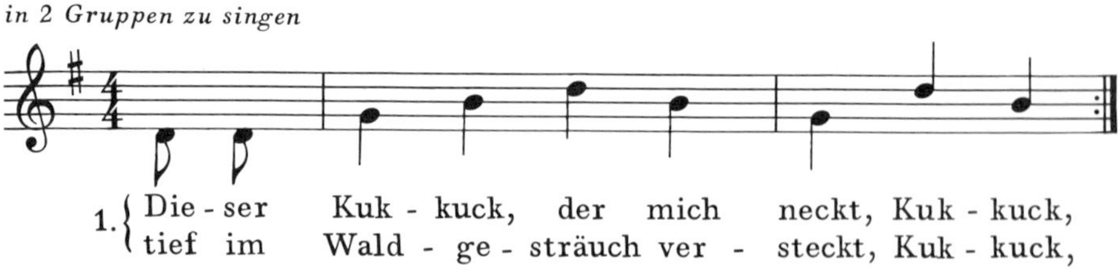

2. Wo ich komme, geht er fort,
bin ich hier, so ist er dort.
Ei, so sei er, wo er sei,
lieblich ist von fern sein Schrei.

Text: Friedrich Rückert, Melodie: Ernst Schmid (Schluß vereinfacht).

Maikäfer Bullerjan

2. Maikäfer Brummelbrumm
burrt und surrt um uns herum,
brummt sich was und summt sich was
mit dem Brummelbrummelbaß.
Brum, brum, brum.

Dazu:

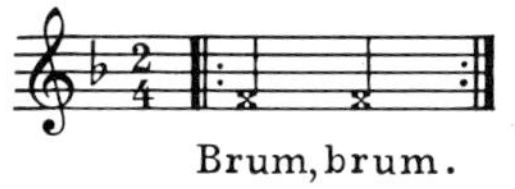

Text: Rudolf Otto Wiemer, Melodie: Richard Rudolf Klein.
Aus: Willkommen, lieber Tag, Band 1, Verlag Moritz Diesterweg, Frankfurt am Main.

Blumenherren und Blumendamen

2. Herr Enzian, Herr Enzian,
   was macht Frau Edelweiß?
   Sie zog ein warmes Röckchen an
   zum Schutz vor Schnee und Eis.

3. Herr Fingerhut, Herr Fingerhut,
   was macht Frau Hyazinth?
   Sie plaudert mit den Lilien,
   die Schwesternkinder sind.

4. Herr Thymian, Herr Thymian,
   was macht die Frau Salbei?
   Sie lockt mit ihrem Blütenduft
   den Bienenschwarm herbei.

Text: James Krüss, Melodie: Wilhelm Keller.
Aus: Ludi musici I, Fidula-Verlag, Boppard a. Rh.

Liebe Mutter

2. Liebe Sonne, liebe Sonne, schein hell und schein klar
   und schenke der Mutter ein fröhliches Jahr!

Text: Rudolf Otto Wiemer, Melodie: Herbert Beuerle.
Aus: Lobet Gott, J. G. Oncken-Verlag, Kassel.

Dazu:

R.R.K.

Für die Mutter

2. Kommt, ihr kleinen Blumen, kommt aus freien Stücken!
Ihr sollt für die Mutter alle Zimmer schmücken!
Was haben sie gemacht? Haben mich ausgelacht:
|: Selber Blumen pflücken! :|

3. All die lieben Lerchen sollten bei uns singen,
für die Mutter sollten sie ein Ständchen bringen!
Was haben sie gemacht? Haben mich ausgelacht:
|: Selber, selber singen! :|

Text und Melodie: Hans Baumann.
Aus: Der Zauberball, Möseler-Verlag, Wolfenbüttel und Zürich.

Der Wind schleicht wie ein Räubersmann

12

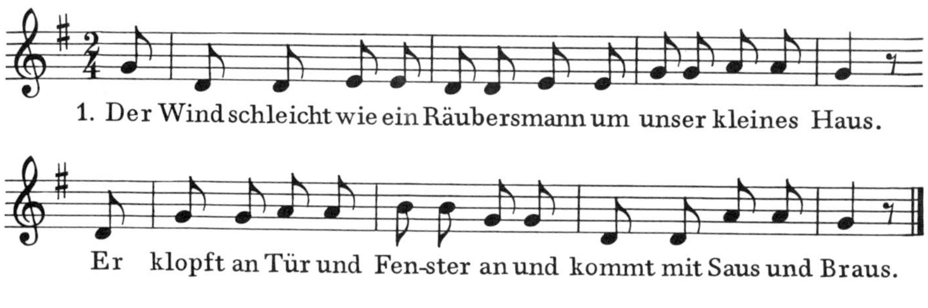

2. Wir legen alle Riegel für
und lassen ihn nicht ein.
Da faucht er wie ein wildes Tier
zum Schlüsselloch herein.

3. Sei nicht so zornig, lieber Wind!
Verschon mein kleines Haus!
Im Bettchen liegt ein kleines Kind
und horcht zu dir hinaus.

Text: Karl Seibold, Melodie: Richard Rudolf Klein.
Aus: Willkommen, lieber Tag, Band 1, Verlag Moritz Diesterweg, Frankfurt am Main.

Dazu:

Hundertzwei Gespensterchen

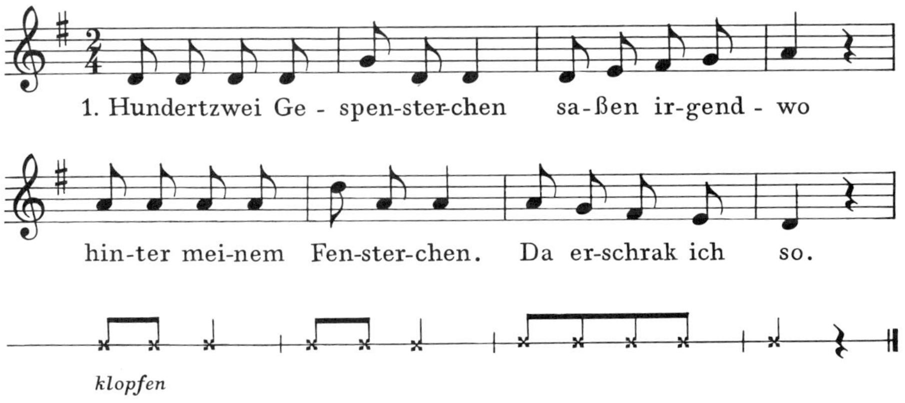

2. Hundertzwei Gespensterchen
waren sehr vertrackt:
An mein Kammerfensterchen
klopften sie im Takt.
.. – .. – .... –

3. Hundertzwei Gespensterchen
haben mich erschreckt.
Weit entfernt vom Fensterchen
hab ich mich versteckt.
.. – .. – .... –

4. Hundertzwei Gespensterchen
waren plötzlich fort.
Schlich mich schnell zum Fensterchen.
Fand sie nicht mehr dort.
.. – .. – .... –

5. Hundertzwei Gespensterchen
– denkt euch, wie famos –
waren an dem Fensterchen
Regentropfen bloß!
.. – .. – .... –

Text: James Krüss, Melodie: Richard Rudolf Klein.
Aus: Das Kinderjahr, Heft 14, Deutscher Theaterverlag, Weinheim.

Pitsche pitsche patsch, plum plum

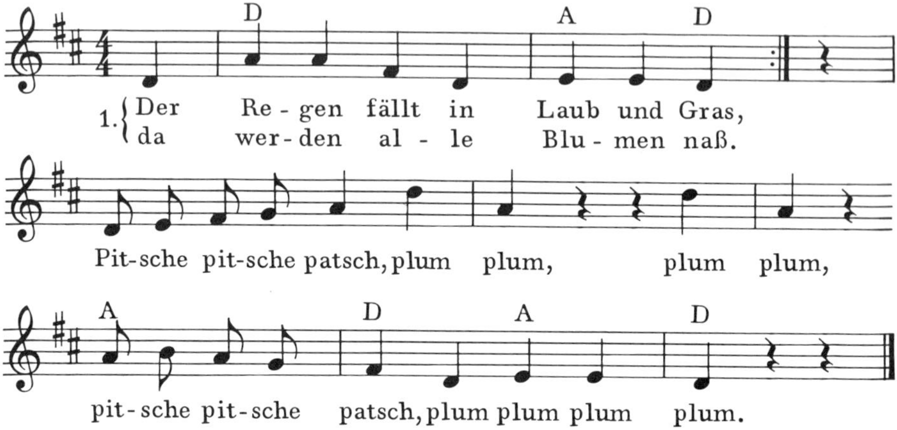

2. Doch: Regen, der im Sommer fällt,
läßt fröhlich wachsen alle Welt!
Pitsche pitsche patsch, plum plum …

3. Drum regne nur, was regnen will:
Was wachsen möchte, hält fein still!
Pitsche pitsche patsch, plum plum …

Text und Melodie: Karl Foltz.
Aus: Hörst du nicht den feinen Ton,
Möseler-Verlag, Wolfenbüttel und Zürich.

Und regnet's mir zum Dach herein

2. Und hab ich auch im |: Strumpf ein Loch, :|
   das macht mir nichts, ich kenn mich doch, hejo, hejo, hejo!
   Wolln wir ein Weilchen zusammen gehn ...
3. Hab ich auch auf dem |: Kopf kein' Hut, :|
   mir geht es trotzdem richtig gut, ...

Aus England.
Deutscher Text: Margarete Jehn,
aus: Margarete & Wolfgang Jehn, 48 Kinderlieder aus aller Welt, Eres-Verlag, Lilienthal.

Schlechtes Wetter

2. Autos rasen durch die Straßen, dicke Pfützen hoch aufspritzen.
   Regenschirm, ein guter Schutz, ist für unten gar nichts nutz.
3. Lustig klopfen Regentropfen auf die Steine, an die Beine.
   Kocht euch heißen Fliedertee, der vertreibt das Magenweh.
4. Regengüsse, kalte Füße, Schnupfen, Prusten, Dauerhusten:
   Pfefferminze und Menthol machen wieder pudelwohl.

Dazu Ostinato:

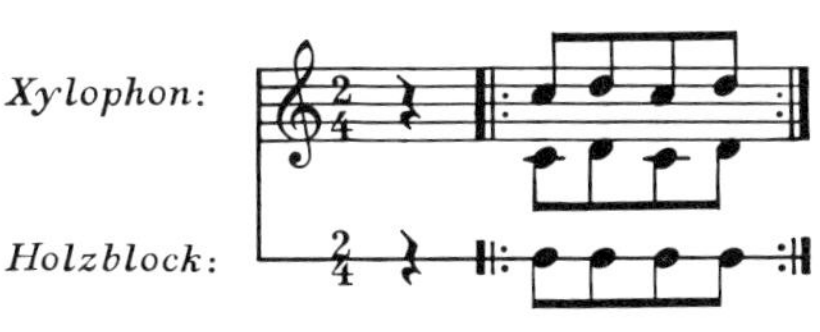

Text und Melodie: Hans Poser.
Aus: Mosaik 98, Fidula-Verlag, Boppard a. Rh.

Bleib ein Weilchen unterstehn

2. Bleib ein Weilchen unterstehn!
Der Regen wird vorübergehn.
Sonne kommt gezogen,
malt den Regenbogen.
Bleib ein Weilchen unterstehn!
Der Regen wird vorübergehn.

Text und Melodie: Wilhelm Bender.
Aus: Unsre Katz heißt Mohrle, Verlag für deutsche Musik Robert Rühle, München.

Liebe, liebe Sonne

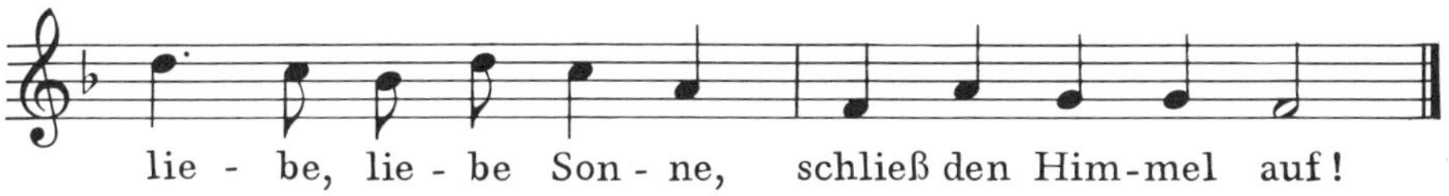

2. Liebe, liebe Sonne, schein auf unser Haus,
   liebe, liebe Sonne, komm doch bald heraus.
   Alle, alle Kinder stehn am Gartenzaun,
   wolln den blauen Himmel und die Sonne schaun.

3. Liebe, liebe Sonne, höre unser Flehn,
   liebe, liebe Sonne, laß dich endlich sehn.
   Unsre ganze Erde schaut zu dir hinauf,
   liebe, liebe Sonne, schließ den Himmel auf.

Text: Erich Colberg, Melodie: Hans Poser.
Aus: Das Liedernest, Band 1, Fidula-Verlag, Boppard a. Rh.

Das Sonnenlicht

2. Was geht durch die Flüsse,
   hat trockene Füße,
   plätschert gar nicht?
   Das Sonnenlicht.

3. Was taucht in die Seen,
   kann auf den Grund gehen,
   ertrinkt doch nicht?
   Das Sonnenlicht.

4. Was springt durch die Scheiben
   und läßt sie ganz bleiben,
   bricht sie gar nicht?
   Das Sonnenlicht.

Text und Melodie: Hans Baumann.
Aus: Die helle Flöte, Möseler-Verlag, Wolfenbüttel und Zürich.

Die Katz auf der Lauer

2. Nehmt euch in acht, ihr Spätzchen, farirom!
Es kommt das Mausekätzchen, farifara, o Spätzelein …

3. Die Katz ist heimgegangen, farirom!
Sie hat den Spatz gefangen, farifara, drum Spätzelein …

4. Was macht die Mausekatze – farirom! –
wohl mit dem kleinen Spatze? Farifara, das Spätzelein
bringt sie zu ihren Kätzelein! Fari fara farom!

Dazu:

H.W.

Text: Heinrich Hoffmann von Fallersleben, Melodie: volkstümlich.

Unsre Katz heißt Mohrle

2. Unsre Katz heißt Mohrle,
hat ein schwarzes Ohrle,
Augen, die sind grün.
Und abends, wenn es dunkel wird,
dann fangen sie an zu glühn.

3. Unsre Katz heißt Mohrle,
hat ein schwarzes Ohrle,
Pfötchen, die sind weich.
Und wenn mein Kind im Schlafe liegt,
dann schnurrt sie durch ihr Reich.

Text und Melodie: Wilhelm Bender.
Aus: Unsre Katz heißt Mohrle, Verlag für deutsche Musik Robert Rühle, München.

Pudelhund

2. Streckt er im Schlaf die Pfoten raus,
so sah er wie ein Knoten aus,
Und darum hieß er Knötchen.

Dazu:

H.W.

Text: Lene Hille-Brandt, Melodie: Horst Weber.
Aus: Miesemausekätzchen, Fidula-Verlag, Boppard a. Rh.

Meine Nicolina

2. Hol ich meine Peitsche, tut sie keinen Schritt,
wenn ich für sie pfeife, geht sie gerne mit.

3. Zeig ich ihr'ne Rübe, macht sie einen Satz,
ach, wie ich dich liebe, Nicolina, Schatz!

Dazu:

H.W.

Aus Spanien.
Deutscher Text: Margarete Jehn,
aus: Margarete & Wolfgang Jehn, 48 Kinderlieder aus aller Welt, Eres-Verlag, Lilienthal/Bremen.

Lauf, mein Pferdchen

2. Auf dich wartet süßer Hafer, auf mich wartet's Mütterlein.
Tralala, tralala, auf mich wartet's Mütterlein.

Dazu:

Aus Litauen.
Deutscher Text: Anneliese Schmolke,
aus: Bergese/Schmolke, Schulwerk für Spiel-Musik-Tanz, Möseler-Verlag, Wolfenbüttel und Zürich.

An meiner Ziege hab ich Freude

2. Sie hat ein ausgestopftes Ränzel
wie ein alter Dudelsack,
und ganz hinten hat s' ein Schwänzel
wie ein Stengel Rauchtabak.
Meck, meck …

Aus Nordböhmen.

Das Hausgesinde

2. Schwarz-und-weiß heißt meine Geiß,
Schmier-dich-ein heißt mein Schwein.
Widewidewenne …

3. Ehrenwert heißt mein Pferd,
Gute-Muh heißt meine Kuh.
Widewidewenne …

4. Wettermann heißt mein Hahn,
Kunterbunt heißt mein Hund.
Widewidewenne …

5. Guck-heraus heißt mein Haus,
Schlupf-hinaus heißt meine Maus.
Widewidewenne …

6. Wohlgetan heißt mein Mann,
Sausewind heißt mein Kind.
Widewidewenne …

7. Leberecht heißt mein Knecht,
Hochbetagt heißt meine Magd.
Widewidewenne …

8. Sammetmatz heißt meine Katz,
Hupf ins Stroh heißt mein Floh.
Widewidewenne …

Gesprochen: Nun kennt ihr mich mit Mann und Kind
und meinem ganzen Hofgesind.

Aus Holstein.

R.R.K.

Xylophon und Triangel strophenweise abwechseln mit Glockenspiel und Schlagstäben.

Die erste Liedzeile kann ab Strophe 2 (statt auf Text gesungen) von einer Blockflöte gespielt werden oder auch ganz entfallen.

Auf dem Bauernhof

2. Onkel Jörg hat einen Bauernhof, heia, heia, ho.
   Und da laufen ein paar Gänse rum, heia, heia, ho.
   Es macht ga-gak hier, es macht ga-gak da,
   ga-gak hier, ga-gak da, ga-gak überall.
3. … Schweine … oi- …
4. … Ziegen … mek-mek …
5. … Kühe … muh-muh …
   Onkel Jörg hat einen Bauernhof, heia, heia, ho.

Aus England.
Deutscher Text: Richard Rudolf Klein.

H.W.

Hähnchen ruft

Kanon zu 3 Stimmen

Nach einem serbischen Kanon, bearbeitet von Gottfried Wolters.
Aus: Das singende Jahr, Möseler-Verlag, Wolfenbüttel und Zürich.

Der Sperling

2. Er hat ein kleines Schnäbelein, er schnäbelt hin und her,
und wenn sodann der Abend kommt, so schnäbelt er nicht mehr.
Der Sperling ist's …
3. Er hat zwei kleine Äugelein, er äugelt hin und her, …
4. Er hat ein kleines Köpfelein, er köpfelt hin und her, …
5. Er hat zwei kleine Flügelein, er flügelt hin und her, …

6. Er hat ein kleines Schwänzelein, er schwänzelt hin und her, ...

7. Er hat ein kleines Füßelein, er füßelt hin und her, ...

8. = 1.

Text: volkstümlich, Melodie: Heinrich Rohr.
Aus: Singespaß, Christophorus-Verlag, Freiburg i. Br.

Die Lerche

Kanon zu 2 Stimmen

Dazu Flöte:

Text: alter Kinderreim, Melodie: Richard Rudolf Klein.

Auf einem Baum ein Kuckuck saß

2. Da kam ein junger Jäger,
simsaladim bamba saladu saladim,
da kam ein junger Jägersmann.

3. Der schoß den armen Kuckuck ... tot.

4. Und als ein Jahr vergangen ... war,

5. da war der Kuckuck wieder ... da.

Dazu:

H.W.

Aus dem Bergischen Land.

Rätsel

2. Ihr denkt: Das ist der Klapperstorch,
watet durch die Sümpfe.
Er hat ein schwarzweiß Röcklein an
und trägt rote Strümpfe.
Fängt die Frösche, schnapp, schnapp, schnapp.
Klappert lustig, klapperdiklapp.
Nein, das ist Frau Störchin.

Dazu Ostinato:

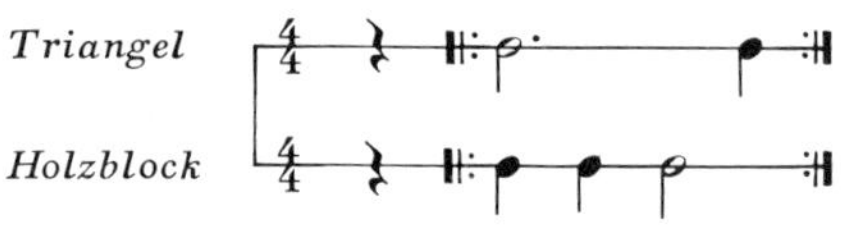

Text: Heinrich Hoffmann von Fallersleben,
Melodie: volkstümlich.

Vogelhochzeit

2. Die Drossel war der Bräutigam, die Amsel war die Braute. Fiderallala …

3. Die Lerche, die Lerche, die führt die Braut zur Kerche. …

4. Der Wiedehopf, der Wiedehopf, der schenkt der Braut 'nen Blumentopf. ...
5. Der Spatz, der kocht das Hochzeitsmahl, verzehrt die schönsten Bissen all. ...
6. Die Gänse und die Anten, das sind die Musikanten. ...
7. Der Pfau mit seinem bunten Schwanz, der führt die Braut zum ersten Tanz. ...
8. Brautmutter war die Eule, nimmt Abschied mit Geheule. ...
9. Frau Kratzefuß, Frau Kratzefuß gibt allen einen Abschiedskuß. ...
10. Nun ist die Vogelhochzeit aus, und alle ziehn vergnügt nach Haus. ...

Dazu:

H.W.

Volkstümlich.

Der Kuckuck und der Esel

2. Der Kuckuck sprach: „Das kann ich!"
und fing gleich an zu schrein.
|: „Ich aber kann es besser!" :|
|: fiel gleich der Esel ein. :|

3. Das klang so schön und lieblich,
so schön von fern und nah.
|: Sie sangen alle beide: :|
|: „Kuckuck, kuckuck, ia!" :|

Dazu:

H.W.

Text: Heinrich Hoffmann von Fallersleben, Melodie: Karl Friedrich Zelter.

Froschkonzert

Kanon zu 3 Stimmen

2. Quak, quak, quak …

Volkstümlich.

Kind und Schnecke

Kind:

2. *Kind:* Schnecke, hast ein Haus gebaut, das hat ja kein Gärtchen!

Schnecke: Sieh, die Wiese und das Feld
und die ganze weite Welt,
alles ist mein Garten!

3. *Kind:* Schnecke, hast ein Haus gebaut, das hat keine Lichter!

Schnecke: Doch: Der gute, alte Mond,
der am Himmel droben wohnt,
der ist mir Laterne.

4. *Kind:* Schnecke, hast ein Haus gebaut, das hat ja kein Bettchen!
Schnecke: Ei, ins ganze Schneckenhaus
streck ich mich und schlafe aus!
Kind: Wünsche wohl zu ruhen!

Zum Teil „Schnecke“:

Text: Georg Herbolzheimer, Melodie: Horst Weber.

Auf der Mole von Messina

13

Text: Bruno Horst Bull, Melodie: Richard Rudolf Klein.

Der Holzwurm

14

2. Da kommt der Mann im Jägerkleid
und mißt den Baum, wie hoch, wie breit,
und gräbt dem Stamm ein Zeichen ein.
Der Baum ist mein.

3. Ein kleiner Wurm, man sieht ihn kaum,
guckt mit dem Köpflein aus dem Baum
und lacht und spricht ganz leise: Nein!
Der Baum ist mein.

Text: Rudolf Baumbach, Melodie: Jürgen Blume.

Der Igel

2. Die Schlange, ja, die Schlange ist außen schön und glatt,
|: und keiner sieht's der Schlange an, daß Gift im Maul sie hat. :|

3. Das Lama, ja, das Lama im Zoo gar freundlich guckt,
|: doch wer zu nah dem Lama kommt, der wird dann angespuckt. :|

4. Ihr Leute, ja, ihr Leute, dem Igelchen vertraut:
|: Nicht jeder ist ein schlechter Kerl trotz Stacheln auf der Haut. :|

Text: Max Barthel, Melodie: Heinz Lemmermann.
Aus: Der Purzelbaum, Eres-Verlag, Lilienthal/Bremen.

Ich war einmal im Zoo

2. Ein Elefant, so dick und schwer,
schwenkt seinen Rüssel hin und her.
Tä tä tä …

3. Das Känguruh, du liebe Zeit,
das sprang ja fast drei Meter weit.
Hopp hopp hopp …

4. Der Seehund machte mir viel Spaß,
er spritzte mich mit Wasser naß.
Plitsch platsch platsch …

5. Ich hab dem Löwen zugeschaut,
er lief vorbei und brüllte laut.
Rrr rrr rrr …

6. Die Affen sprangen rundherum
und turnten für das Publikum.
Sch sch sch …

Text und Melodie: Inge Lotz/Rolf Krenzer.
Aus: Kommt alle her, Kemper-Verlag, Staufen i. Br.

Papageien-Song

2. Wo bist du, liebe Mama-Mamagei?
Komm doch zu deinem Papa-Papagei.
Dann sind wir zwei, dann sind wir zwei!
Papagei und Mamagei.

3. Aus eins mach zwei, aus zwei mach drei.
Ein kleiner Gei kriecht aus dem Ei.
Dumdideldei! Dumdideldei!
Papa-Mama-Kindergei.

Text: Marie-Luise Bernhard von Luttitz, Melodie: Richard Rudolf Klein.
Aus: Das Kinderjahr, Heft 13, Deutscher Theaterverlag, Weinheim.

Loblied

2. Die Fischlein, die da schwimmen,
sind, Herr, vor dir nicht stumm.
Du hörest ihre Stimmen,
ohn' dich kommt keines um.
Zu dir …

3. Vor dir tanzt in der Sonne
der kleinen Mücklein Schwarm
zum Dank für Lebenswonne.
Ist keins zu klein und arm. …

4. Sonn, Mond gehn auf und unter
in deinem Gnadenreich
und alle deine Wunder
sind sich an Größe gleich. …

Dazu:

Text: Clemens Brentano, Melodie: Richard Rudolf Klein.
Aus: Kinder musizieren, Heft 7, Fidula-Verlag, Boppard a. Rh.

Der Sommer ist da

2. Trariro, der Sommer, der ist do!
Wir wollen in die Hecken
und wolln den Sommer wecken.
Jo, jo, jo, der Sommer, der ist do!

3. Trariro, der Sommer, der ist do!
Der Sommer hat gewonnen,
Der Winter hat verloren.
Jo, jo, jo, der Sommer, der ist do!

Aus der Pfalz.

Dazu:

R.R.K.

Sommerlied

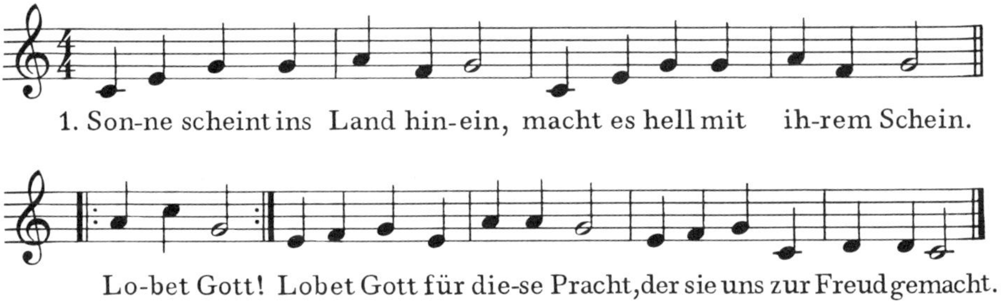

2. Vöglein singen hell und klar,
   bringen Gott ihr Loblied dar.
   Lobet Gott …
3. Blumen blühen bunt und schön.
   Lustig sind sie anzusehn. …
4. Schauet über Berg und Tal,
   seht den Sommer überall! …

Dazu:

Text: Siegfried Großmann, Melodie und Satz: Richard Rudolf Klein.
Aus: Willkommen, lieber Tag, Band 1, Verlag Moritz Diesterweg, Frankfurt am Main.

Der Kuckuck

2. Wenn du dann den Kuckuck fragst,
wie lang du noch leben magst,
ruft der Kuckuck, Kuckuck, Kuckuck,
der Kuckuck wohl hundertmal.

3. Hast du einen Pfennig dann,
wirst du wohl ein reicher Mann,
weil der Kuckuck, Kuckuck, Kuckuck,
der Kuckuck das machen kann.

4. Hast du keinen Pfennig nicht,
bleibst du stets ein armer Wicht,
doch den Kuckuck, Kuckuck, Kuckuck,
den Kuckuck, den kümmert's nicht.

Text und Melodie: Hans Poser.
Aus: Tina, Nele und Kathrein,
Möseler-Verlag, Wolfenbüttel und Zürich.

Das Echo

2. Kommt bald, kommt bald!
Kommt in den grünen Wald!
Halli, hallo!
Wo ist das Echo, wo?
|: Wo? Wo? Wo? :|
Hallo, hallo!

3. Wo steckt's? Wo steckt's?
Das Echo ist verhext!
Halli, hallo!
Wo ist das Echo, wo?
|: Nirgendwo! :|
Hallo, hallo!

Text: Hanna Schachenmeier, Melodie: Richard Rudolf Klein.
Aus: Willkommen, lieber Tag, Band 2, Verlag Moritz Diesterweg, Frankfurt am Main.

Sommer

⊙⊙ 15

2. 𝄽 Weißt du, wie der Sommer schmeckt?
Nach gelben Aprikosen,
und Walderdbeeren, halb versteckt
𝄽 zwischen Gras und Moosen,
nach Himbeereis, Vanilleeis
und Eis aus Schokolade,
nach Sauerklee vom Wiesenrand
und Brauselimonade.

3. 𝄽 Weißt du, wie der Sommer klingt?
Nach einer Flötenweise,
die durch die Mittagsstille dringt:
Ein Vogel zwitschert leise,
dumpf fällt ein Apfel in das Gras,
der Wind rauscht in den Bäumen.
Ein Kind lacht hell, dann schweigt es schnell
und möchte lieber träumen.

Text: Ilse Kleberger,
Melodie: Jürgen Blume.

Löwenzahn

2. Zauberkerzen stehn im Kreis.
Pust ich oder niese,
löschen alle Lichtlein aus.
Dunkel wird's im Wiesenhaus.

3. Tausend Fünklein fliegen fort,
blühn an einem andern Ort.
Nächstes Jahr hebt's wieder an:
Löwenzahn, Löwenzahn!

Text: Kurt Kölsch, Melodie: Richard Rudolf Klein.
Aus: Willkommen, lieber Tag, Band 1, Verlag Moritz Diesterweg, Frankfurt am Main.

Die Vögel und der Bach

16

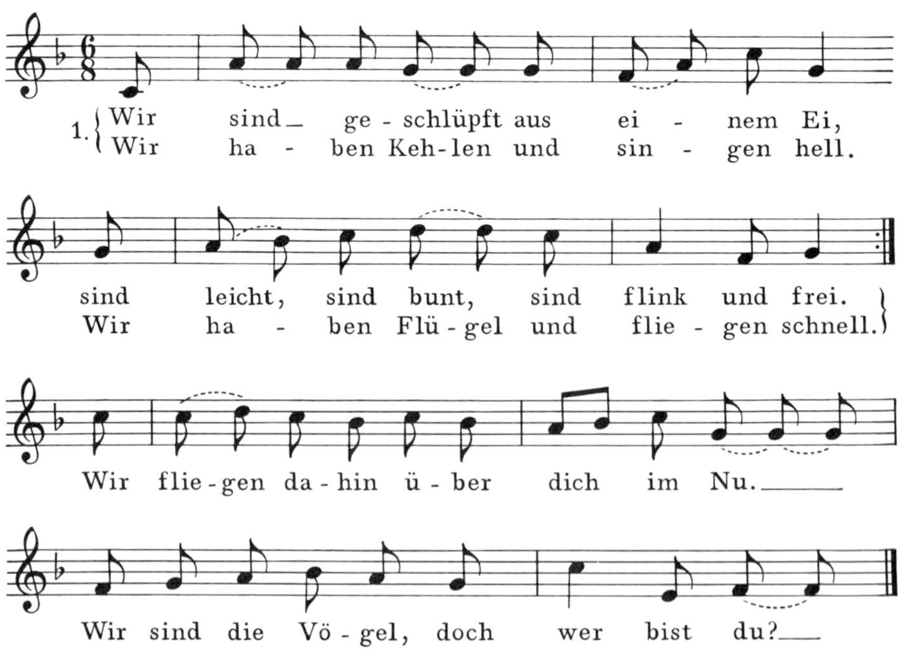

2. Ich bin der Bach, doch ich wachse zum Strom
und wandre vorüber an manchem Dom
hinunter zum fernen wogenden Meer.
Drauf flieg ich als Wolke wieder her.
Als Regen falle ich rauschend nieder
und ziehe als Bächlein des Weges wieder.

Text: Josef Guggenmos, Melodie: Jürgen Blume.

Himmelsau

2. Gottes Welt, wohl bestellt,
wieviel zählst du Stäublein?
Ohne Zahl …

3. Sommerfeld, uns auch meld:
wieviel zählst du Gräslein? …

4. Dunkler Wald, wohlgestalt',
wieviel zählst du Zweiglein? …

5. Tiefes Meer, weit umher,
wieviel zählst du Tröpflein? …

6. Sonnenschein, klar und rein,
wieviel zählst du Fünklein? …

7. Ewigkeit, lange Zeit,
wieviel zählst du Stündlein? …

Dazu:

Aus Schlesien.

Frage

2. Wo wohnt der liebe Gott?
Im Stalle, im Stalle!
Was macht er da?
Er bringt dem Kalb das Springen bei,
damit es niemals falle.

3. Wo wohnt der liebe Gott?
Im Fliederbusch am Rasen!
Was macht er da?
Er bringt ihm wohl das Duften bei
für unsre Menschennasen.

Text: Wolfgang Borchert, Melodie: Richard Rudolf Klein.

Zieh deine Stiefel an

2. Hörst, wie der Vogel singt? Singt ja so schön.
|: Sing du nur auch, sing du nur auch, sing nur und spiel. :|

3. Wie ist die Welt so weit und ist so schön!
|: Wirst ja nicht klug, wirst ja nicht klug, willst sie nicht sehn! :|

4. = 1.

Text und Melodie: Walther Pudelko.
Aus: Musikanten, die kommen, Bärenreiter-Verlag, Kassel und Basel.

Schön ist die Welt

Kein schöner Land

2. Da haben wir so manche Stund gesessen da in froher Rund
   und taten singen, die Lieder klingen im Eichengrund.
3. Daß wir uns hier in diesem Tal noch treffen so viel hundertmal,
   Gott mag es schenken, Gott mag es lenken, er hat die Gnad.
4. Nun Brüder, eine gute Nacht, der Herr im hohen Himmel wacht,
   in seiner Güten uns zu behüten ist er bedacht.

Bei Wilhelm von Zuccalmaglio, 1840.

Schön ist die Welt

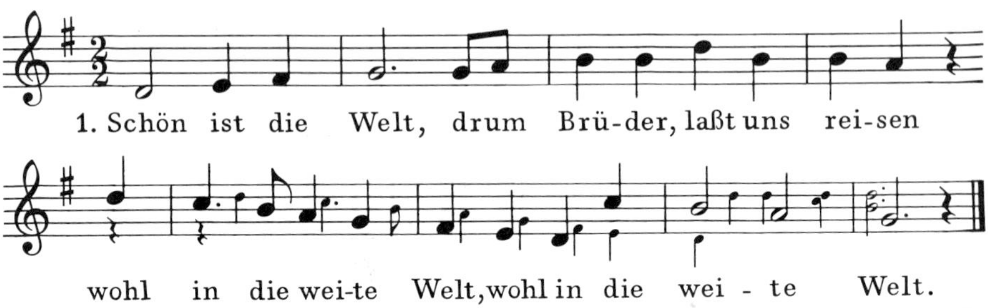

H.W.

2. Wir sind nicht stolz, wir brauchen keine Pferde, |: die uns von dannen ziehn. :|

3. Wir steigen froh auf Berge und auf Hügel, |: wo uns die Sonne sticht. :|

4. Wir laben uns an jeder Felsenquelle, |: wo frisches Wasser fließt. :|

5. Wir reisen fort von einer Stadt zur andern, |: wohin es uns gefällt. :|

Aus Hessen.

Was spricht man denn von Sachsen

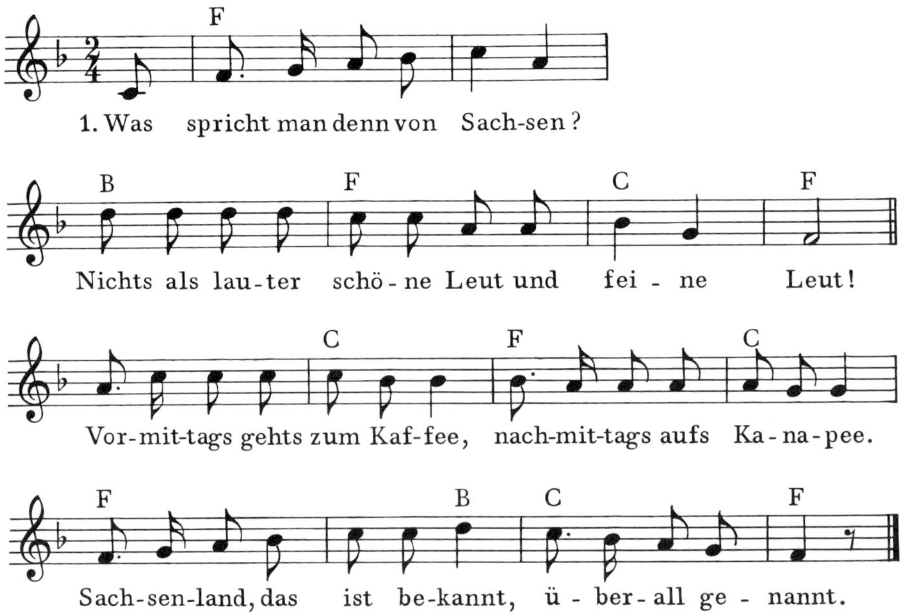

2. Was spricht man denn von Pommern?
Nichts als lauter schöne Leut und große Leut!
Große Leut von sieben Schuh,
wenig Geld, kein Brot dazu.
Pommernland, das ist bekannt, überall genannt!

3. Was spricht man denn von Schwaben?
Nichts als lauter „Rau au au" und „Laß mi gau!"
Schwaben, das sind solche Leut,
vor vierzig Jahr wird keiner g'scheit.
Schwabenland, das ist bekannt, überall genannt!

4. Was spricht man denn von Bayern?
Nichts als lauter Durst, Durst, Durst und Brot und Wurst.
Da heißts halt: Jackel, komm zum Essn,
a bayrisch Nudl ist a guts Fressn.
Bayernland, das ist bekannt, überall genannt!

Aus Mainfranken.

Auf der Brücke von Avignon

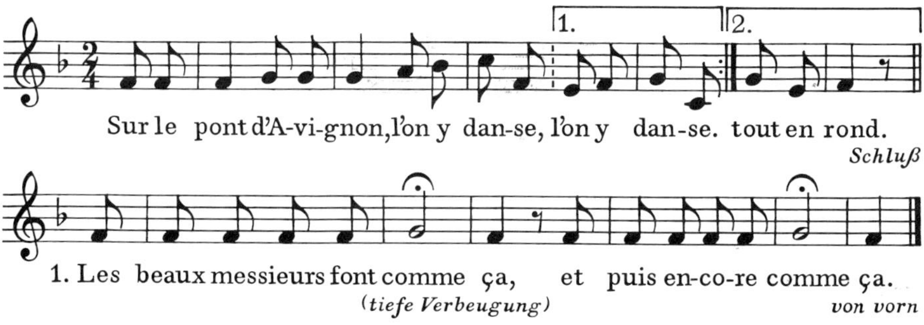

2. Les belles dames font comme ça, et puis encore comme ça. (*tiefer Knicks*)
3. Les bons amis ... (*französische Begrüßung, Wange an Wange*)
4. Les musiciens ... (*geigen, flöten, trommeln usw.*)
5. Et les enfants ... („*lange Nase*")
6. Les petits bébés ... (*Kußhändchen*)

Die Kinder gehen singend im Kreis herum. Bei den Strophentexten bleiben alle stehen und machen auf „commme ça" die entsprechen Bewegungen.

Aus Südfrankreich.

Wie bei uns zulande Kohl angepflanzt wird

CD 17

3. … avec les doigts …
4. … avec les pieds …
5. … avec le nez …
6. … l'oreille …

Dazu:

H.W.

1. Wißt ihr, wie bei uns zulande Kohl angepflanzt wird?
2. Man pflanzt ihn bei uns mit den Händen.
3. … mit den Fingern … 4. … mit den Füßen … 5. … mit der Nase … 6. … mit dem Ohr …

Aus Frankreich.

La polenta

CD 18

* *Hier wird der Ablauf rückwärts wiederholt.*

2. Quando si drizza (aufstellen) …
3. Quando si infiora (blühen lassen) …
4. Quando si taglia (schneiden) …
5. Quando si batte (schlagen) …
6. Quando si mole (mahlen) …
7. Quando si cuoce (kochen) …
8. Quando si mangia (essen) …

Der Lebenslauf der Maispflanze kann als Spiel mit entsprechenden Gesten dargestellt werden. Im 1.–7. Schluß („m-ta-ta") hüpfen oder im Kreis weitergehen.

Aus Italien.

Und so reiten wir

2. En so rijden wij naar Boom, op een ezel, op een ezel,
   en so rijden wij naar Boom, op een ezel zonder toom.
3. … naar Luik, … zonder buik.
4. … naar Lier, … vol plezier.
5. … hophop, … zonder kop.

Boom, Luik (Lüttich) und Lier sind Städte in Belgien.

Dazu:

H.W.

1. Und so reiten wir zu Pferd auf 'nem Esel … ohne Schwanz.
2. … nach Boom auf 'nem Esel ohne Zaum.
3. … nach Luik auf 'nem Esel ohne Bauch.
4. … nach Lier auf 'nem Esel mit Pläsier.
5. … hophop, auf 'nem Esel ohne Kopf.

Aus Flandern.

The Little Bells of Westminster

Kanon zu 4 Stimmen

Dazu:

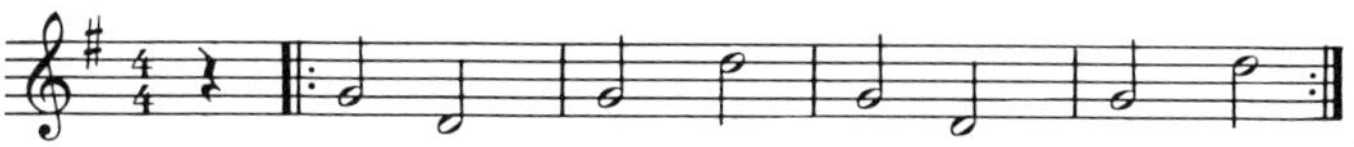

H.W. Aus England.

Schmied – Tischler – Schneider

Şöy - le dö-ver - ler.
Böy - le dö-ver - ler.
Şöy - le mi? Şöy - le.
Böy - le mi? Böy - le.
Doğ - ru - yu söy - le.

Sieh, so schlag ich's Ei - sen,
so, auf die - se Wei - se.
Wie denn, Schmied? So schau doch!
So machst du's? Ge-nau - so!
Schmied, sag mir die Wahrheit!

Dazu:

H.W.

2. Marangozlar tahtayı
neyle keserler?
Şöyle keserler.
Böyle keserler.
Şöyle mi? …
…

3. Terziler elbiseyi
neyle dikerler?
Şöyle dikerler.
Böyle dikerler.
Şöyle mi? …

2. Tischler, dieses harte Holz,
sag, wie kannst du's sägen?
Sieh, so kann ich's sägen,
so, auf diese Weise.
Tischler, wie? So schau doch!
So machst du's? Genau so!
Tischler, sag die Wahrheit!

3. Schneider, sag, wie nähst du denn
diese schönen Kleider?
Sieh, so näh ich Kleider,
so, auf diese Weise.
Schneider, wie? …

Aus der Türkei.
Deutscher Text: Ahmet Kaya/Brigitte Lentze.

Drescherlied

2. Çiftini de yavrum çiftini,
|:geliver de siftini siftini aman. :|
Takıver de zillerin (çiftini) …

3. Üçünü de yavrum üçünü,
|: yavlada gördüm göçünü aman. :|
Takıver de zillerin (üçünü) …

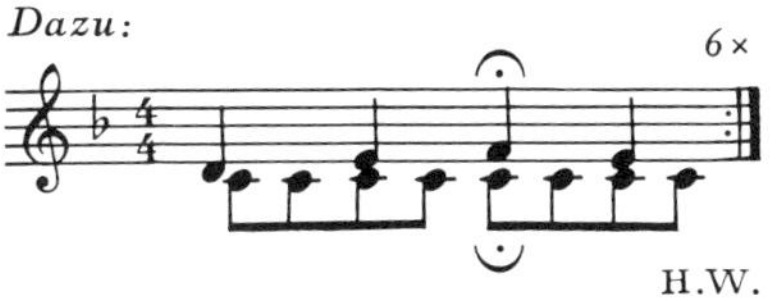

2. Eins und zwei, mein Kleines! Hierher, ihr Jungen, Mädchen!
|:Drehen, schwingen, singen, rütteln, schütteln, hey! :|
Nimm die Kastagnetten …

3. Alle drei, mein Kleines! Herden schon heimwärts wandern
|: aus den kühlen Bergen in das dunkle Tal. :|
Nimm die Kastagnetten …

Aus der Türkei.
Deutscher Text: Kasim Ateş/Brigitte Lentze.

Walderdbeere

2. Cvati brže, jagodo,
cvati brže, jagodice,
cvati brže, u zelenoj travi, oj!

3. Rasti brže, jagodo, …

4. Dozri brže, jagodo, …

5. Ubraću te, jagodo, …

6. Poješću te, jagodo, …

2. Erdbeer weiß, beeile dich,
blühe rascher, blühe schneller,
tief im Wald …

3. Erdbeer klein, beeile dich,
wachse rascher, wachse schneller, …

4. Erdbeer rot, ich pflücke dich,
pflücke dich im grünen Grase, …

Dazu:

Aus Jugoslawien.
Deutscher Text: Barica Cindrić/Brigitte Lentze.

Im Regen

19

2. Na toj gori jeno drevo tenko, visoko.
3. Pod njim sedi devojčica, bratec polak nje.

2. Buche auf dem Gipfel schwankt im Winde hin und her.
3. Setz dich her, mein Schwesterlein, dein Bruder bleibt bei dir.

Dazu:

Aus Jugoslawien.
Deutscher Text: Barica Cindrić/Brigitte Lentze.

Ungarescha

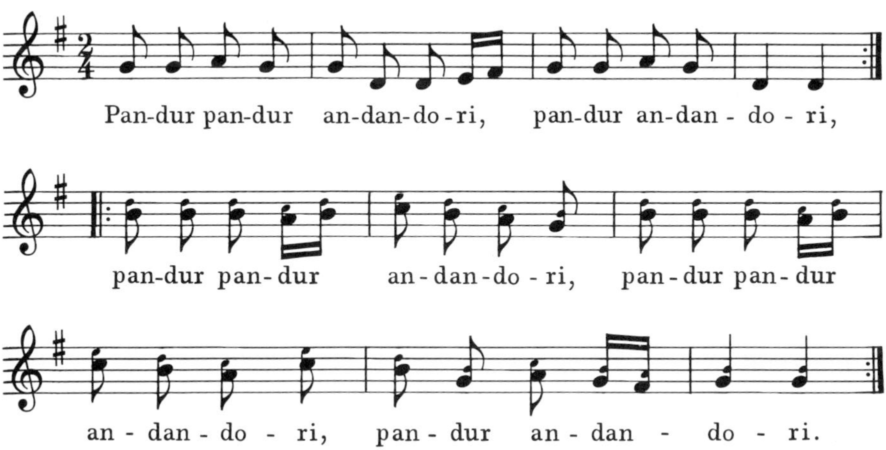

Dazu Ostinato:

Kreisfassung
Takt 1–4: im Kreis gehen (♩ = 1 Schritt); rechts herum
Wiederholung: links herum
Takt 5–10: im Kreis hüpfen (♪ = 1 Schritt); rechts herum
Wiederholung: links herum H.W.

Aus einer Orgeltabulatur, 1583, Textunterlegung: Lajos Bárdos.
Aus: Gottfried Wolters, ars musica, Möseler-Verlag, Wolfenbüttel und Zürich.

Der Onkel in Amerika

2. Er hat in Kansas eine Farm
mit hundertzwanzig Pferden.
Und wenn ich rüberkomme, dann
soll ich gleich Cowboy werden.

3. Ich kriege einen runden Hut,
ein Pony, das ich reite.
Das Lasso hängt am Sattelknauf,
der Colt an meiner Seite.

4. Und Freddy heiß ich oder Tom,
hab Sporen an den Füßen.
Und schreibt der Onkel wieder mal,
dann laß ich euch schön grüßen.

Text: Rudolf Otto Wiemer, Melodie: Klaus Doldinger.
Aus: Bartos-Höppner/Bondy, Kinderlieder unserer Zeit, Arena-Verlag, Würzburg.

Lied der Eskimos

Von den Eskimos.

Das Lied von der Muschel

20

Zweite Zeile auch im Kanon möglich; dazu:

Aus Hawaii.
Fassung: Nona Beamer, aus: Resonanzen, Verlag Moritz Diesterweg, Frankfurt am Main.

1. Glänzende Seemuschel, ich fand dich am Strand.

2. Glänzende Seemuschel, ich höre auf dein Rauschen.

3. Glänzende Seemuschel, ich schlafe neben dir.

Ein Kind im Schneidersitz in der Mitte des Kreises stellt die Geschichte von der Seemuschel (Pupu = Muschel) durch Bewegungen dar. Die übrigen Kinder bilden einen Kreis und bewegen sich langsam dazu; sie könnten zum Beispiel die Wellen darstellen.

Der Herbst ist da

2. Der Herbst, der Herbst, der Herbst ist da!
Er bringt uns Obst, hei hussassa!
Macht die Blätter bunter,
wirft die Äpfel runter.
Heia hussassa, der Herbst ist da.

3. Der Herbst, der Herbst, der Herbst ist da!
Er bringt uns Wein, hei hussassa!
Nüsse auf den Teller,
Birnen in den Keller.
Heia hussassa, der Herbst ist da!

4. Der Herbst, der Herbst, der Herbst ist da!
Er bringt uns Spaß, hei hussassa!
Rüttelt an den Zweigen,
läßt den Drachen steigen.
Heia hussassa, der Herbst ist da!

Text- und Melodiefassung: Hans R. Franzke, aus: Die Zugabe, Band 1, Fidula-Verlag, Boppard a.Rh.
Satz: Richard Rudolf Klein.

Mein Drachen

2. Und er wackelt mit dem Ohr,
wackelt mit dem Schwänzchen.
Und er tanzt den Wolken vor
hui! ein lustig Tänzchen.

Dazu:

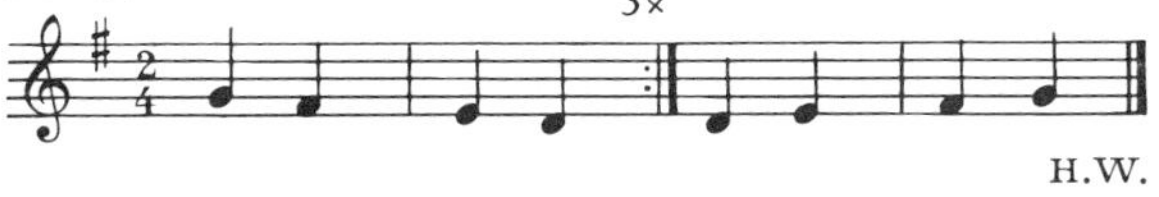

Text: Albert Sixtus, Melodie: Richard Rudolf Klein.
Aus: Willkommen, lieber Tag, Band 1, Verlag Moritz Diesterweg, Frankfurt am Main.

Erntelied

2. Lasset die Scheune uns schmücken zum Feste,
Rosen holt und Georginen, Blumen mancherlei.
Tanzen die Kinder schon lange den Reigen,
und die Mädchen stehen dort, die Burschen auch dabei.
Bindet schnell den Kranz, schmücket ihn mit Glanz!
Feiern wir den Erntetag und drehen uns im Tanz!

Dazu:

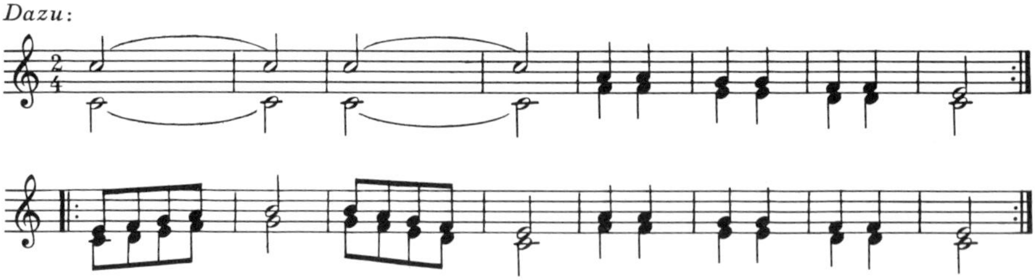

H.W.

Aus Dänemark.
Deutscher Text aus: Musik im Leben, Band 1, Verlag Moritz Diesterweg, Frankfurt am Main.

Nüsse schütteln

21

2. Ging ein Weiblein |: Himbeern pflücken, :|
riß dabei den |: Rock in Stücken, :| rums!

3. Hat nicht bloß den |: Rock zerrissen, :|
wird die Schuh auch |: flicken müssen, :| rums!

Dazu:

R. R. K.

Aus Masuren.

Der Jäger längs dem Weiher ging

22

2. Was raschelt in dem Grase dort? Was flüstert leise fort und fort?
3. Was ist das für ein Untier doch? Hat Ohren wie ein Blocksberg hoch!
4. Das muß fürwahr ein Kobold sein! Hat Augen wie Karfunkelstein!
5. Der Jäger furchtsam um sich schaut. Jetzt will ich's wagen! – O, mir graut!
6. O Jäger, laß die Büchse ruhn, das Tier könnt dir ein Leides tun!
7. Der Jäger lief zum Wald hinaus, verkroch sich flink im Jägerhaus.
8. Das Häschen spielt im Mondenschein, ihm leuchten froh die Äugelein.

Text: aus Hessen und Westfalen, Melodie: vom Niederrhein.

Wir pflügen und wir streuen

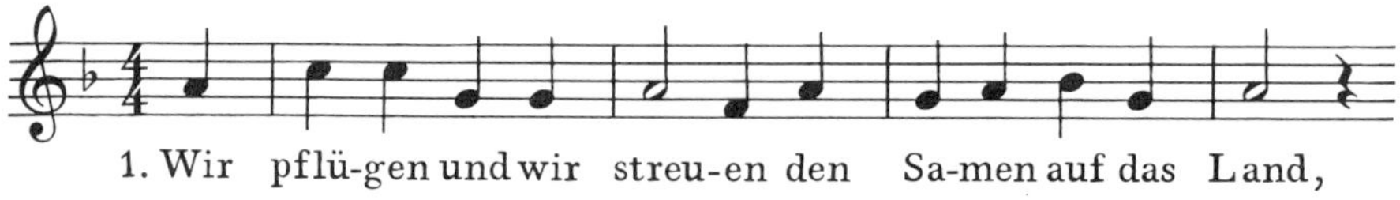

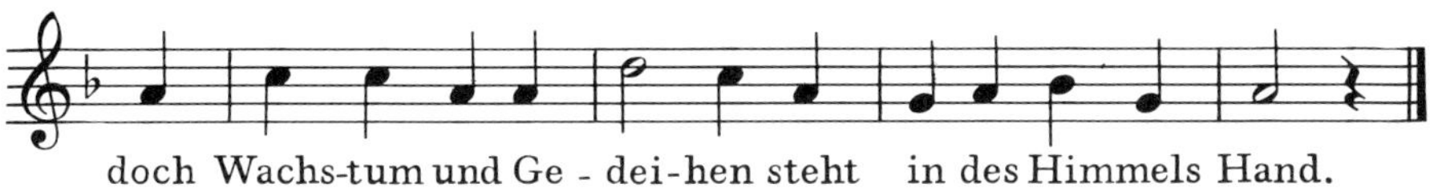

2. Was nah ist und was ferne,
von Gott kommt alles her,
der Strohhalm und die Sterne,
das Sandkorn und das Meer.

3. Er läßt die Sonn aufgehen.
Er stellt des Mondes Lauf.
Er läßt die Winde wehen
und tut die Wolken auf.

Text: Matthias Claudius, Melodie: Richard Rudolf Klein.
Aus: Willkommen, lieber Tag, Band 1, Verlag Moritz Diesterweg, Frankfurt am Main.

Die Windmühle

2. In der Mitte drinnen
tanzt der schwere Stein,
und die Körner rinnen
in den Gang hinein.
Und es wohnen …

3. Dreht sich das Getreide
rund herum im Kreis,
wird es bald wie Kreide
und wie Schnee so weiß. …

4. Stäubt das Mehl im Kasten,
hat es keine Not,
niemand braucht zu fasten,
alle haben Brot. …

Dazu:

H.W.

Text: Ludwig Schuster, Melodie und Satz: Hans Lang.
Aus: Sing mit, Oldenbourg-Verlag, München.

Der Wind und die Blätter

2. Da fuhr er durch die Äste und pflückte Blatt um Blatt.
|: Nun ziehen wir zum Feste, :| nun tanzen wir uns satt!

3. Da streut er ohn Erbarmen die Blätter, wie sich's traf.
|: Da lagen nun die Armen :| und weinten sich in Schlaf.

4. Da hat der Winter sachte mit Flocken sie bestreut,
|: und wenn kein Blatt erwachte, :| so schlafen sie noch heut.

Dazu:

H.W.

Volkstümlich.
Fassung: Edgar Rabsch, aus: Musik, Band I/2, Verlag Moritz Diesterweg, Frankfurt am Main.

Nebel, Nebel

Text und Melodie: Walther Pudelko.
Bärenreiter-Verlag, Kassel und Basel.

Ich geh mit meiner Laterne

2. Ich geh mit meiner Laterne …
|: Laternenlicht, verlösch mir nicht!
Rabimmel, rabammel, rabum. :|

Beim Nachhausegehen:

3. Ich geh mit meiner Laterne …
|: Mein Licht ist aus, wir gehn nach Haus.
Rabimmel, rabammel, rabum. :|

Aus Holstein.

Ich hab eine feine Laterne

2. Ich trag meine feine Laterne ganz ruhig vor mir her,
ich hab sie ja so gerne, sie wird mir nicht zu schwer.
Laternenlicht …

Text und Melodie: Horst Weber.
Aus: St. Martins- und Laternenlieder, Fidula-Verlag, Boppard a. Rh.

Sankt Martin

2. Im Schnee saß, im Schnee saß,
im Schnee, da saß ein armer Mann,
hat Kleider nicht, hat Lumpen an.
„O helft mir doch in meiner Not,
sonst ist der bittre Frost mein Tod!"

3. Sankt Martin, Sankt Martin,
Sankt Martin zieht die Zügel an,
das Roß steht still beim armen Mann.
Sankt Martin mit dem Schwerte teilt
den warmen Mantel unverweilt.

4. Sankt Martin, Sankt Martin,
Sankt Martin gibt den halben still,
der Bettler rasch ihm danken will.
Sankt Martin aber ritt in Eil
hinweg mit seinem Mantelteil.

Ostinato:

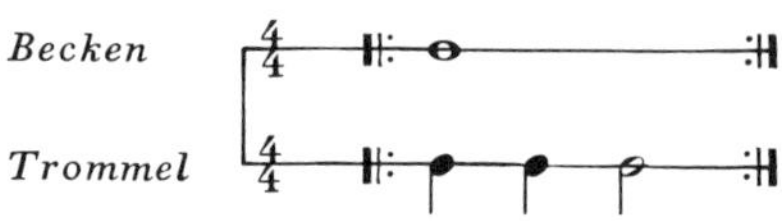

Dazu Flöte:

R.R.K.

Aus dem Rheinland.

Halli-Hallo Halunken

Der eingebildete Kranke

2. Überall sind rote Flecke.
Hab ich wohl Malaria?
Lieber Doktor, muß ich sterben?
Überall sind rote Kerben:
auf dem Rücken, auf dem Bauch
und an meinem Halse auch.

3. Sagt der Doktor: Bester Herr,
Ihre Krankheit ist nicht schwer.
Um sie schnell zu unterdrücken,
muß man diese Krankheit zwicken,
mit den Nägeln, sehn Sie: so!
Denn Sie haben, denn Sie haben,

4. denn Sie haben – einen Floh!
denn Sie haben – einen Floh!

Text: James Krüss, Melodie: Alfred Divisch.
Aus: Der Kinder-Lieder-Leier-Kasten, Musikverlag Zimmermann, Frankfurt am Main.

Da lachten sie so !

2. Bräutigam reißt' nen Knopf von der Büxe, Röschen war froh,
|: da hatten sie einen Opferpfennig, da lachten sie so. :|
3. Brautpaar zu Tische wollte gehn, … da hatten sie keine Eßschüssel, …
4. Bräutigam holt 'nen Futtertrog herein, … da hatten sie eine Eßschüssel, …
5. Brautpaar Kaffee trinken wollt, … da hatten sie keine Kaffeetasse, …
6. Bräutigam holt 'nen Pott herein, … da hatten sie eine Kaffeetasse, …
7. Brautpaar zu Bette wollte gehn, … da hatten sie keine Bettstelle, …
8. Bräutigam holt 'nen Backtrog herein, … da hatten sie eine Bettstelle, …

Aus Westfalen.

Die Tante aus Marokko

2. Und sie kommt auf zwei Kamelen, wenn sie kommt, hoppeldihopp. …
3. Und dann schlachten wir ein Ferkel, wenn sie kommt, krks-krks …
4. Und dann trinken wir 'ne Flasche, wenn sie kommt, gluck-gluck …
5. Und dann essen wir 'ne Torte, wenn sie kommt, schmatz-schmatz …
6. Und dann schrubben wir die Bude, wenn sie kommt, schrubb-schrubb …
7. Und dann kommt ein Telegramm, daß sie nicht kommt, o weh …
8. Und dann kommt ein Telegramm, daß sie doch kommt, juchhe …

Volkstümlich.

Widele, wedele

2. Pfeift das Mäusele,
tanzt das Läusele,
schlägt das Igele Trommel.

3. Windet mr Kränzela,
tanzet mr Tänzela,
lasset mr's Geigele bromma.

Städele = Stadel, Scheune.
Aus Schwaben.

Dazu:

H.W.

Bei den Wirags

2. Gabor Watzi voller Tücke nimmt sich alle Schenkelstücke. Susasum …

3. Michel Puschkasch kommt in Eile, kriegt nur noch die Hinterteile. Susasum …

Dazu: 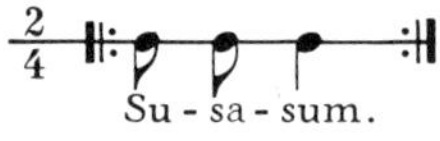

Aus Ungarn.
Deutscher Text: R. St. Hoffmann,
Verlag Boosey & Hawkes, London und Bonn.

Wenn die Bettelleute tanzen

2. Kommt man über eine Brücke,
klappern sie mit Stock und Krücke.
Eia, eia …

Kober = Tragekorb.

3. Kommt der Bauer vor die Türe,
stehen da gleich Stücker viere. …

4. Kommen sie in eine Schänke,
springn sie über Tisch und Bänke. …

5. Nun wohlan, ihr Schwestern, Brüder!
Seid gescheit und legt euch nieder. …

Aus Schlesien.

Der Räuber Kasimir

⊙⊙ 23

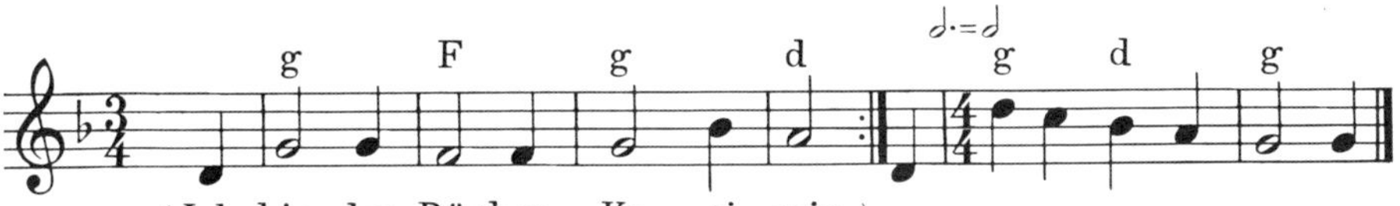

1. { Ich bin der Räuber Ka - si - mir, / ich trin - ke ger - ne Schnaps und Bier, } von jedem dreizehn Flaschen.

2. Ich habe einen schwarzen Hut,
die Feder ist so rot wie Blut,
und an den Stiefeln Sporen.

3. Das Messer, das ist spitz und scharf,
da schneid ich Brot mit, nach Bedarf
auch Wurst und Ziegenkäse.

4. Spät abends schleich ich durch den Wald,
und kommt ein Mensch, ob jung, ob alt,
frag ich ihn nach der Uhrzeit.

5. Ich trage die Pistole schwer,
doch schieße ich auf niemand mehr,
denn ich bin außer Diensten.

6. Am liebsten sitz ich am Klavier
und sing vom Räuber Kasimir
gar gräßlich - schöne Lieder.

Dazu:

Xylophon

2 Pauken

Text: Rudolf Otto Wiemer, Melodie: Jürgen Blume.

Halli Hallo Halunken

2. Trari-Trara-Trabanten,
der Kreis hätt' gerne Kanten.
Der Würfel wäre gerne rund,
der Regenbogen nicht mehr bunt.
Trari-Trara-Trabanten,
der Kreis hätt' gerne Kanten.

3. Ihr Tippel-Tappel-Toren,
der Schneemann ist erfroren.
Der Wind ist in der Luft erstickt,
Ein blinder Mann hat ihn erblickt.
Ihr Tippel-Tappel-Toren,
der Schneemann ist erfroren.

Text: Maria Mohr-Reucker, Melodie: Richard Rudolf Klein.
Aus: Willkommen, lieber Tag, Band 1, Verlag Moritz Diesterweg, Frankfurt am Main.

Im kleinen krummen Haus

2. Es kocht das krumme Männchen auf einem krummen Herd.
Doch rühren muß die Katze mit ihrem krummen Steert.
Und würzen muß die Maus den süßen krummen Schmaus
mit der kleinen krummen Pfote im kleinen krummen Haus.

3. So leben alle drei auf ihre krumme Art,
genießen voller Freude die krumme Gegenwart.
Oft lachen sie sich krumm, der Mann, die Katz, die Maus,
über dumme krumme Sachen in dem kleinen krummen Haus.

Dazu:

H.W.

Aus England.
Deutscher Text: James Krüss, aus: Kurt Brüggemann, Volks- und Kinderlieder aus Europa. Heft 21, Fidula-Verlag, Boppard a. Rh.

Fing mir eine Mücke heut

2. Riß ihr dann den Stachel aus,
war spitz wie 'ne Nadel,
macht mir einen Degen draus,
sah aus wie von Adel.
Wer dies glaubt …

3. Zog ihr auch das Fell noch ab,
macht mir eine Decke,
lag darauf so weich und warm
wie im Himmelbette.
Wer dies glaubt …

Aus Ungarn.
Deutscher Text: H. Lüdeke, J. Königs, H. P. Lehmann, aus: Das ungarische Lied, Verlag W. de Gruyter, Berlin.

Auf de schwäbsche Eisebahne

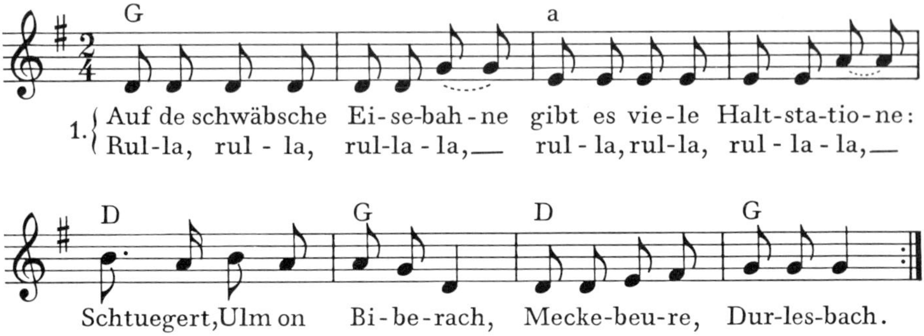

2. Auf de schwäb'sche Eisebahne
gibt's au viele Restratione,
wo mer essa, trenka ka,
älles was der Maga ma.
Rulla ...

3. Auf de schwäb'sche Eisebahne
dürfet Küh on d'Ochse fahre,
Bueba, Mädla, Weib und Ma,
kurzum, äll's was zahla ka. ...

4. Auf de schwäb'sche Eisebahne
wollt amol a Bäuerle fahre,
goht an Schalter, lupft da Huat:
A Billettle, send so guat! ...

5. Einen Bock hat er gekaufet,
und daß er ihm net verlaufet,
bendat ihn der guate Ma
henda an da Waga na. ...

6. Böckle, due no wacker sprenga,
z'fressa werd i dir scho brenga.
Also schwätzt der guade Ma,
zündt sei Dabakspfeifle a. ...

7. Auf der nägschda Statione,
wo er will sei Böckle hole,
fendt er bloß no Kopf un Soil
an dem hentra Wagadoil. ...

8. S'packt da Baur a Baurezore,
nemmt da Geißbock bei de Ohre,
schmeißt en, was er schmeißa ka,
dem Kondukdeur an Ranza na. …

9. Des isch s'Lied von sellem Baure,
der da Geißbock hot verlaure,
Geißbock un sei traurigs End,
Hemmel, Schtuegert, Sapperment! …

Aus Schwaben.

Die Ziege

24

2. Sie trat ganz aus Versehn
in Meiers Garten ein,
stibitzt ihm einen Kohlkopf,
und der war nicht klein!
Guckt …

3. Dazu ein wenig Lauch,
das schadet sicher nicht,
doch Meier hat's gesehn
und schleppt sie vor Gericht. …

4. Da schlottern ihr die Knie!
O weh, laßt mich hier raus!
Geschwind sucht sie das Weite
durch die Tür hinaus. …

Aus Frankreich.
Deutscher Text: Brigitte Lentze.

Kater Jan

2. Die Leidenschaft für Käse war
bei Jan fast kriminell.
Denn wo er einen Käse sah,
verputzte er ihn schnell.
Oft saß er schon im Kerker drin
und maunzte dort gar sehr.
Man frug ihn: Jan, was stahlst du denn?
Edamer Kaas, Mijnheer!

3. Einst lag ein Käse, dick und rund,
bei Dortrecht auf dem Deich.
Als Kater Jan den Käse sah,
verputzte er ihn gleich.
Natürlich kam nach solchem Schmaus
das Bauchweh hinterher.
Man frug ihn: Jan, was quält dich so?
Edamer Kaas, Mijnheer!

4. Zu manchem Katzen-Hochzeitsfest
kam auch der Kater Jan.
Doch wenn es keinen Käse gab,
stritt er mit jedermann.
Er grunzte dann und brummte dann
und schlich betrübt einher.
Man frug ihn: Jan, was fehlt dir denn?
Edamer Kaas, Mijnheer!

5. Als Jan dann krank im Bette lag
und gelb wie ein Chinese,
da träumte er den schönsten Traum
vom Himmelreich aus Käse.
Er flüsterte: Das Himmelreich,
es lockt mich gar so sehr!
Man frug ihn: Jan, was gibt's denn da?
Edamer Kaas, Mijnheer!

Text: James Krüss, Melodie: Horst Weber.
Aus: Die Zugabe, Band 1,
Fidula-Verlag, Boppard a. Rh.

Susemir und Flusedir

2. 𝄾 Als die Nacht vergangen war, da waren sie ein Ehepaar.
Sie bekamen Kinder vier: den Susedir, den Flusemir, die Miresus, die Direflus.
Nachts ...

Text: Gisela Schlegel, Melodie: Heinz Lemmermann.
Aus: Die Zugabe, Band 3, Fidula-Verlag, Boppard a. Rh.

Affenschule

2. Man hatte sie dorthin geschickt, zu bilden den Verstand.
Der Lehrer war drei Tonnen schwer, ein g'scheiter Elefant.
Umba …

3. Der Lehrer nahm mit seinem Rüssel die Schüler bei den Ohrn.
Sie lernten nichts, sie lärmten nur, all Mühe war verlorn.
Umba …

Text: Josef Guggenmos, Melodie: Werner Clasen.
Aus: Lassen wir den Esel kichern, Voggenreiter und Strube Verlag GmbH, München.

Die kleine Hexe

Mor-gens früh um sechs kommt die klei - ne Hex.
Mor-gens früh um sieben schabt sie gel - be Rüben.
Mor-gens früh um acht wird Kaf-fee ge - macht.
Mor-gens früh um neun geht sie in die Scheun.
Mor-gens früh um zehn holt sie Holz und Spän.
Feu-ert an um elf. Kocht dann bis um zwölf.

{ Frö - sche - bein und Krebs und Fisch. }
{ Hur - tig, Kin - der, kommt zu Tisch! }

Text: volkstümlich, Melodie: Richard Rudolf Klein.
Aus: Willkommen, lieber Tag, Band 1, Verlag Moritz Diesterweg, Frankfurt am Main.

Die alte Moorhexe

2. 𝄾 Gegen Mitternacht jedoch fährt sie in ihr Hexenloch,
füttert ihre sieben Schlangen, bringt den schnellen, starken, langen
Hexenbesen in den Stall, scharrt und raschelt überall,
hält die ganze Welt für dumm, hext herum, hext herum.

Text: Margarete Jehn, Melodie: Wolfgang Jehn.
Aus: 48 Kinderlieder aus aller Welt, Eres-Verlag, Lilienthal/Bremen.

Hans im Glück

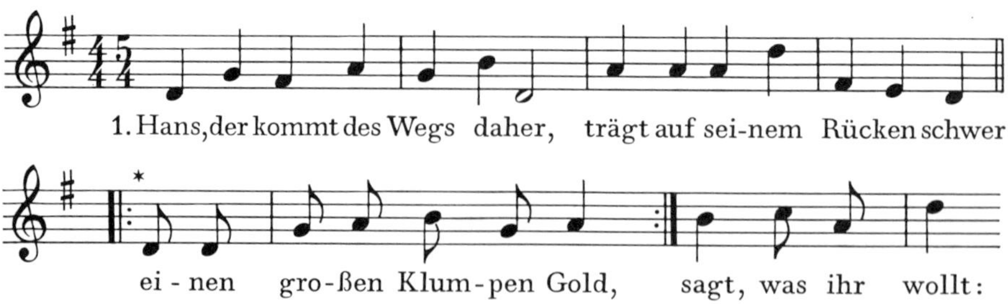

2. Kommt ein Reitersmann daher,
Hans, den drückt das Gold so schwer,
darum gibt er für das Pferd
seinen großen Klumpen Gold,
sagt, was ihr wollt …

3. Kommt ein Bauer mit 'ner Kuh,
tauscht sie ein in guter Ruh,
und der Hans, der gibt das Pferd,
und das Pferd, das war ihm wert
einen großen Klumpen Gold, …

4. Kommt ein Bauer mit' nem Schwein,
Hans, der denkt: ach wär es mein!
Darum gibt er seine Kuh,
die er kriegte für das Pferd,
und das Pferd, das war ihm wert …

5. Kommt ein Bauer mit' ner Gans.
Hätt' ich die, denkt unser Hans!
Und er gibt dafür das Schwein,
das er kriegte für die Kuh,
die er kriegte für das Pferd, …

6. Scherenschleifer kommt daher,
denkt der Hans: Wie gut hat's der!
Und für einen Schleifestein
gibt er her sein Gänselein,
das er kriegte für das Schwein, …

7. Hans, den drückt der schwere Stein,
wirft ihn in den Bach hinein,
seine Freude, die ist groß,
denn nun ist er alles los:
seinen schweren Schleifestein
und das fette Gänselein
und das große, dicke Schwein
und die schöne, bunte Kuh
und das Pferd auch noch dazu
und den großen Klumpen Gold:
sagt, was ihr wollt, …

** Hier werden bei jeder Strophe neue Verse eingeschoben und die der vorhergehenden wiederholt.*

Dazu Ostinato ab Takt 5 :

Text und Melodie: Hans Poser.
Aus: Märchenlieder, Fidula-Verlag, Boppard a. Rh.

Frau Holle

25

2. Kikeriki, … Goldmarie …
Schüttle mich! so rief der Baum,
denn ich trag die Äpfel kaum.
Eins, zwei, drei …

3. Kikeriki, … Goldmarie …
Wenn die weißen Federn fliegen,
bleibt der Schnee auf Erden liegen.
Eins, zwei, drei …

4. Kikeriki, … Pechmarie …
Zieh mich raus! so rief das Brot,
sonst komm ich in große Not.
Aber es ist nichts geschehn,
und Frau Holle hat's gesehn.

5. Kikeriki, … Pechmarie …
Schüttle mich! so rief der Baum,
denn ich trag die Äpfel kaum.
Aber es ist …

6. Kikeriki, … Pechmarie …
Schlief bis Mittag, ach herrje!
Und wir haben keinen Schnee.
Doch Frau Holle hat's gesehn:
Pechmarie ist recht geschehn!

Text: Werner Bautsch, Melodie: Richard Rudolf Klein.
Aus: Willkommen, lieber Tag, Band 1, Verlag Moritz Diesterweg, Frankfurt am Main.

Dornröschen

2. Dornröschen, nimm dich ja in acht!
3. Da kam die böse Fee herein.

böse Fee: 4. Dornröschen, du mußt sterben.
alle: 5. Da kam die gute Fee herein.
gute Fee: 6. Dornröschen, schlafe hundert Jahr!
alle: 7. Da wuchs die Hecke riesengroß.
8. Da kam ein junger Königssohn.
Königssohn: 9. Dornröschen, wache wieder auf!
alle: 10. Da feierten sie Hochzeitsfest.

In Strophe 3–7: statt Glockenspiel Xylophon.
In Strophe 10: Glockenspiel und Xylophon zusammen.

Aus Hessen.

Geboren ist das Kind zur Nacht

Advent

2. Wir sagen euch an den lieben Advent.
Sehet, die zweite Kerze brennt.
So nehmet euch eins um das andere an,
wie auch der Herr an uns getan.
Freut euch, ihr Christen! Freuet euch sehr!
Schon ist nahe der Herr.

3. .... die dritte Kerze brennt.
Nun tragt eurer Güte hellen Schein
weit in die dunkle Welt hinein ...

4. .... die vierte Kerze brennt.
Gott selber wird kommen, er zögert nicht.
Auf, auf, ihr Herzen und werdet licht! ...

Zum Refrain:

Text: Maria Ferschl, Melodie und Satz: Richard Rudolf Klein.
Aus: Adventskantate für Kinder, Mosaik 63, Fidula-Verlag, Boppard a.Rh.

Fürchtet euch nicht

2. Tragt zu den Kranken ein Licht. Sagt ihnen: „Fürchtet euch nicht!"
Gott hat euch lieb ...

3. Tragt zu den Kindern ein Licht. Sagt allen: „Fürchtet euch nicht!" ...

4. Tragt zu den Alten ein Licht. Sagt ihnen: „Fürchtet euch nicht!" ...

Dazu:

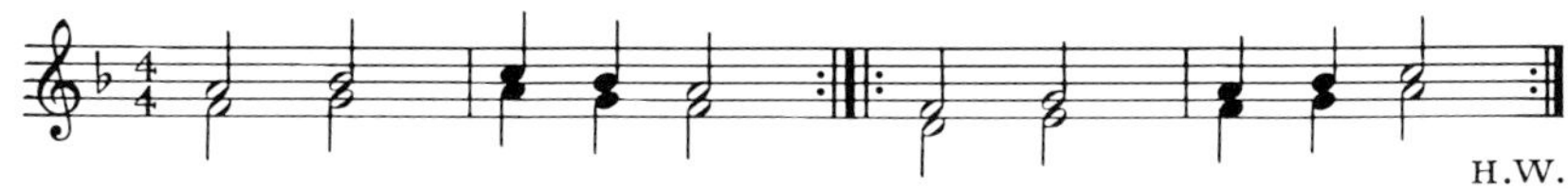

H.W.

Text und Melodie: Wolfgang Longardt.
Verlag Ernst Kaufmann, Lahr.

Laßt uns froh und munter sein

1. Laßt uns froh und mun-ter sein und uns recht von Herzen freun!

Lustig, lustig, trale-rale-ra, bald ist Nik-laus - abend da, abend da.

2. Dann stell ich den Teller auf,
   Niklaus legt gewiß was drauf.
   Lustig …

3. Wenn ich schlaf, dann träume ich:
   Jetzt bringt Niklaus was für mich. …

4. Wenn ich aufgestanden bin,
   lauf ich schnell zum Teller hin. …

5. Niklaus ist ein guter Mann,
   dem man nicht gnug danken kann. …

R.R.K.

Aus dem Hunsrück.

Sag mir, lieber Josef mein

1. Sag mir, lieber Jo-sef mein: Was soll dem Kindlein die Herberg sein?

einer (gesprochen): Der Stall soll dem Kindlein die Herberg sein.

eine: 2. Sag mir, lieber Josef mein:
Was soll dem Kindlein die Wiege sein?

einer (gesprochen): Die Krippe soll dem Kindlein die Wiege sein.

alle: So, so, so, sagt Josef mein,
die Krippe soll dem Kindlein die Wiege sein.

eine: 3. Sag mir, lieber Josef mein:
Wer soll dem Kindlein Diener sein?

einer (gesprochen): Der Ochs und der Esel solln die Diener sein.

alle: So, so, so, sagt Josef mein,
der Ochs und der Esel solln die Diener sein.

Von den Donauschwaben aus dem jugoslawischen Banat.
Satz: Richard Rudolf Klein.

Der Heiland ist kommen

Während das Lied gesungen und musiziert wird, stellen einige Kinder den Vorgang pantomimisch dar.

Vorspiel

Zwischenspiel

2. Sie zogen die Straße bergab und bergan.
   Maria war müd, doch der Stern ging voran.
3. Und als sie gekommen in Bethlehems Stadt,
   da gab's keinen Raum für die Lagerstatt.
4. Da fanden sie Obdach im elenden Stall.
   So hart war das Stroh und die Krippe war schmal.
5. Die Engel lobsangen inmitten der Nacht:
   Der Heiland ist kommen, nun freut euch und lacht!
6. Da scharrte der Esel, da stampfte das Rind.
   Da knieten die Hirten und grüßten das Kind.

Nachspiel = Vorspiel (Takt 1–8) und Zwischenspiel gleichzeitig.

Zum Vor-, Zwischen- und Nachspiel:

* *nicht im Zwischenspiel 1–3*

Text: Hanna Hanisch, Melodie und Satz: Richard Rudolf Klein.
Aus: Das Kinderjahr, Heft 15, Deutscher Theaterverlag, Weinheim.

Ihr Kinderlein, kommet

2. Da liegt es, das Kindlein,
auf Heu und auf Stroh.
Maria und Josef
betrachten es froh.
Die redlichen Hirten
knien betend davor.
Hoch oben schwebt jubelnd
der Engelein Chor.

3. O beugt wie die Hirten
anbetend die Knie,
erhebet die Hände
und danket wie sie!
Stimmt freudig, ihr Kinder,
– wer wollt sich nicht freun? –
stimmt freudig zum Jubel
der Engel mit ein!

Dazu:

Text: Christoph von Schmid, Melodie: Johann Abraham Peter Schulz.
Satz: Richard Rudolf Klein.

Komm, wir gehn nach Bethlehem

2. Hansel, blas die Flöte du, …

3. Seppl, spiel den Dudelsack, …

4. Und du Görgel, streich die Fiedel, …

5. Christoph, laß den Baß erklingen, …

Dazu:

Aus Böhmen.

H.W.

Kommt alle zum Stalle

2. Kommt alle zum Stalle
zur Heiligen Nacht,
und seht nur das Christkind,
wie freundlich es lacht.
Ein Pferdchen, ein Wagen,
ein Trommel zum Schlagen,
ein Schaukel zum |: Schwingen, :|
das wolln wir ihm bringen.

3. Kommt alle zum Stalle,
zum Stall kommt herein
und seht nur das Christkind,
wie's schlummert so fein.
Geht stille, auf Zehen,
dann könnt ihr es sehen,
dann hört ihr ganz |: leise :|
der Engelein Weise.

Text und Melodie: Hans Poser, Satz: Richard Rudolf Klein.
Aus: Hans Poser, Kommt alle zum Stalle, Deutscher Laienspiel-Verlag, Weinheim.

Vogelweihnacht

In zwei Gruppen zu singen

2. Die Meise, die Meise im Baume sang: Ziep-ziep!
Sie flog zu der Krippe, der Weg war lang. Ziep-ziep!
Sie rief: Wie fein ist's Kindelein!
Da müssen sich Menschen und Meise freun. Ziep-ziep! Ziep-ziep!

3. Die Taube, die Taube erhob ihre Stimm: Rucku!
Sie flog zu der Krippe nach Bethlehem. Rucku!
Sie rief: Gottlob, daß Jesus Christ
wohl auf die Welt gekommen ist. Rucku! Rucku!

Text: Tschechisch aus Mähren, deutsch von James Krüss, Melodie: Richard Rudolf Klein.
Aus: Das Kinderjahr, Heft 15, Deutscher Theaterverlag, Weinheim.

Susani

einige
1.Vom Him - mel hoch, o Eng - lein, kommt!
Blockflöte
Triangel
alle
Ei - a, ei - a, su-sa-ni, su-sa-ni, su - sa-ni.
einige
Kommt singt und klingt, kommt pfeift und trombt!
alle
Hal - le - lu-ja, hal - le - lu-ja. Von Je-sus singt und Ma-ri-a.

2. Kommt ohne Instrumente nit!
Eia, eia, susani, susani, susani.
Bringt Lauten, Harfen, Geigen mit!
Halleluja, halleluja.
Von Jesus singt und Maria.

3. Singt Fried den Menschen weit und breit!
Eia, eia, susani, susani, susani.
Gott Preis und Ehr in Ewigkeit!
Halleluja, halleluja.
Von Jesus singt und Maria.

Aus dem Cornerschen Gesangbuch, Köln 1623.
Satz: Richard Rudolf Klein.

Geboren ist das Kind zur Nacht

27

2. Sei ohne Furcht, der Stern geht mit,
der Königsstern der Güte,
dem darfst du trauen, Schritt für Schritt,
daß er dich wohl behüte.

3. Und frage nicht und rate nicht,
was du dem Kind sollst schenken.
Mach nur dein Herz ein wenig licht,
ein wenig gut dein Denken,

4. mach deinen Stolz ein wenig klein,
und fröhlich mach dein Hoffen –
so trittst du mit den Hirten ein,
und sieh: die Tür steht offen.

Text: Ursula Wölfel, Melodie: Richard Rudolf Klein.

Unser Heiland ist geborn

Kanon zu 3 Stimmen

Text (nach einem ukrainischen Weihnachtslied) und Kanonfassung: Paul Ernst Ruppel.
Aus: Kleine Fische, Möseler-Verlag, Wolfenbüttel und Zürich.

Dreikönigsspiel

2. Zum Christkind durch Jerusalem
   in einen Stall nach Bethlehem.
3. Sie zogen daher in gar schneller Eil
   in dreizehn Tagen vierhundert Meil.
4. Sie kamen wohl vor des Herodes Tür,
   Herodes, der König, trat selbst herfür.

Herodes: 5. Ihr lieben Herren, wo wollet ihr hin?
Könige: Nach Bethlehem steht uns der Sinn.

6. Nach Bethlehem, nach Davids Stadt,
wohin uns der Stern gezeiget hat.

Herodes: 7. Was schaffet ihr da, ihr lieben drei Herrn?
Könige: Wir wollen das Kindelein verehrn.

8. Gold, Weihrauch und Myrrhen, das schenken wir fein.
Das Kind soll unser König sein.

alle: 9. Gott, führe auch uns zu diesem Kind
und mach uns zu seinem Hofgesind!

Dazu:

R.R.K.

Aus Franken.

Mit den Nasen tief im Schnee

Schnee

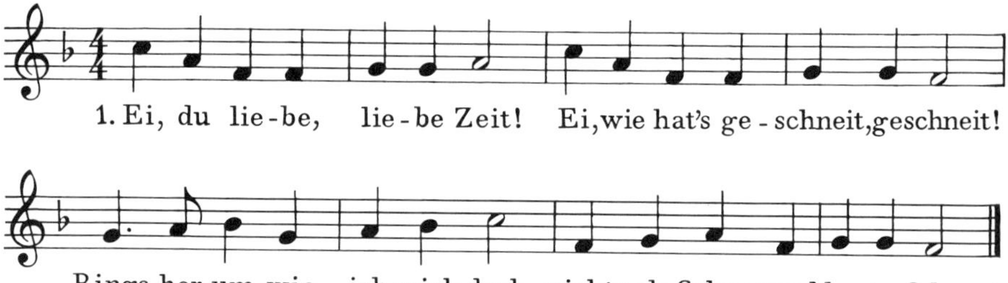

2. Wald und Wiesen, Hof und Hecken,
alles steckt in weißen Decken.
Und im Garten jeder Baum,
jedes Bäumchen voller Flaum.

3. Jetzt hinaus! Wenn's noch so stürmt,
wird ein Schneemann aufgetürmt.
Dick und rund und rund und dick
steht er da im Augenblick.

Text: Friedrich Güll, Melodie: Richard Rudolf Klein.
Aus: Willkommen, lieber Tag, Band 1, Verlag Moritz Diesterweg, Frankfurt am Main.

Es schneielet, es beielet

2. Es schneielet, es beielet,
es weht ein kühler Wind.
Das Mädchen zieht die Handschuh an,
das Bübchen läuft geschwind.

3. Es schneielet, es beielet,
es weht ein kühler Wind.
Hast du ein bißchen Brot im Sack,
gib's einem armen Kind!

Dazu:

Aus der Schweiz.
Fassung und Satz: R.R.K.

Unser Schneemann

2. Einen blauen Topf
hat er auf dem Kopf,
das ist sein neuer Hut
und der gefällt ihm gut.

3. Unser Schneemann weint,
wenn die Sonne scheint,
das ist ihm gar nicht recht,
denn das bekommt ihm schlecht.

Dazu Ostinato:

Text, Melodie und Satz: Hans Poser.
Aus: Der fröhliche Kinderkalender, Fidula-Verlag, Boppard a. Rh.

Rodelfahrt

28

2. Bauz, pardauz – o weh, o weh!
Bums, da liegen wir
mit den Nasen tief im Schnee
alle vier.
Ruth 'ne Beule, Fritz zwei Schrammen,
ach, da lacht man bloß!
Sucht die Beine schnell zusammen!
Gleich geht's wieder los.

3. Rirarutsch, den Schlitten her,
flink zurechtgesetzt!
Eins, zwei, drei – die Bahn ist leer.
Alles fertig! Jetzt!

Text: Arthur Schoke, Melodie: Richard Rudolf Klein.
Aus: Willkommen, lieber Tag, Band 2, Verlag Moritz Diesterweg, Frankfurt am Main.

Vöglein im Winter

2. Wir hocken im Garten
und bitten und warten.
Hat keiner uns lieb,
uns Vöglein Piep Piep?

3. Hört keiner uns flehen?
Mag keiner uns sehen?
Hilft keiner vom Tod
uns Vöglein in Not?

Text: Erich Colberg, Melodie: Richard Rudolf Klein.
Aus: Willkommen, lieber Tag, Band 1, Verlag Moritz Diesterweg, Frankfurt am Main.

Die Vögel warten im Winter

2. Ich bin der Buntspecht.
Kinder, ich bin am Ende.
Und ich hämmere die ganze Sommerzeit,
all das Ungeziefer schaffe ich beiseit.
Bitte um eine kleine Spende.
Buntspecht, komm nach vurn.
Buntspecht, hier ist dein Wurm.
Und besten Dank für die Arbeit!

3. Ich bin die Amsel.
Kinder, ich bin am Ende.
Und ich war es, die den ganzen Sommer lang
früh im Dämmergrau in Nachbars Garten sang.
Bitte um eine kleine Spende.
Amsel, komm nach vorn.
Amsel, hier ist dein Korn.
Und besten Dank für die Arbeit!

Text: Bertolt Brecht, Melodie: Richard Rudolf Klein.

Vor dem Walde

2. Ach, armer Schneemann, was wird aus dir?
Lauter Wasser, lauter Wasser!
Von Hals und Nase schon rinnt es hier,
immer nasser, immer nasser!
Die Zeit vergeht, kommt der Frühling her,
die Lerche singt: Hier ist kein Schneemann mehr,
lauter Wasser, lauter Wasser!

3. Die Schwalbe ruft: Er ist nicht mehr dort
vor dem Walde, vor dem Walde!
Der Rabe schreit: Er ist endlich fort
von dem Walde, von dem Walde!
Der Bach, der fließt durch das helle Land,
die Blumen blühen, wo der Schneemann stand,
vor dem Walde, vor dem Walde.

Aus Norwegen.
Deutscher Text: Barbara Heuschober (Eigentum der Übersetzerin).

Fastnachtslied

2. Rumba ... Ich bin die alte Hexe, mein Buckel, der ist krumm,
mit meiner langen Nase tanz ich ganz närrisch rum.
3. Rumba ... Ich bin ein wilder Cowboy mit einem braunen Fell,
und wer mir meinen Weg versperrt, den jag ich von der Stell.
4. Rumba ... Ich bin die Putzfrau Berta, ich brauche gar nicht viel:
den Schrubber und den Eimer mit Soda und Persil.
5. Rumba ... Ich bin ein flinker Affe mit einem langen Schwanz,
mach Fratzen und Grimassen und manchen Firlefanz.
6. Rumba ... Ich bin ein bunter Vogel mit Federn reich geschmückt,
von meinem langen Schnabel sind alle sehr entzückt.
7. Rumba ... Heut sind wir alle Narren und tollen uns herum,
es dauert nicht mehr lange, dann ist die Fastnacht um.
Rumba ...

Text und Melodie: Heinrich Rohr.
Aus: Singespaß, Christophorus-Verlag, Freiburg i. Br.

Trat ich heute vor die Türe

2. Max, der Esel, und die Schweine tanzten sehr vergnügt zu dritt.
Selbst die dicke Kuh Babette wiegte sich im Walzerschritt.
Mieze bellte, Karo schnurrte, und die Ziege auf dem Mist
krähte sich die Kehle heiser, weil doch heute Fastnacht ist.

3. = 1. bis Schluß.

Text: Christel Süßmann, Melodie: Heinz Lemmermann.
Aus: Die Zugabe, Band 1, Fidula-Verlag, Boppard a. Rh.

Dazu:

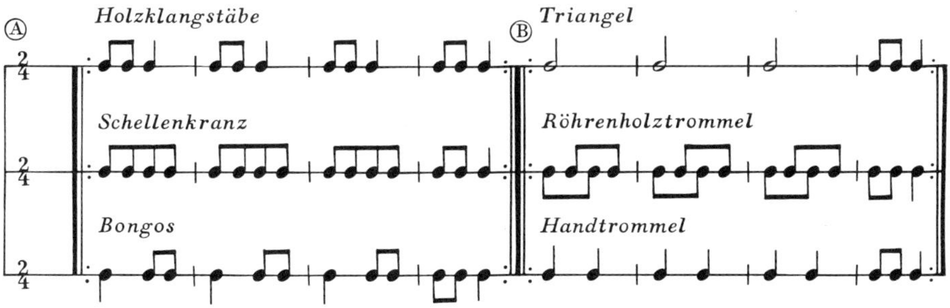

H. W.

3. Strophe: Ⓐ + Ⓑ *gleichzeitig*

Heute tanzen alle

2. Erst kommt unser Vater,
   tanzt mit dem alten Kater. Tra la la …
3. Nach ihm kommt die Mutter,
   tanzt mit dem Faß voll Butter. …
4. Grete mit der Ziege
   tanzt auf der Hühnerstiege. …
5. Seht den dicken Paule,
   tanzt mit dem lahmen Gaule. …
6. Und der Hans, der kleine,
   tanzt nur mit sich alleine. …

Dazu:

H.W.

Aus Norwegen.
Deutscher Text: Barbara Heuschober, aus: Pro musica-Liederbuch, Möseler-Verlag, Wolfenbüttel und Zürich.

Ich mit dir und du mit mir

Über die Berge

29

2. Über Kontinente spricht der Mensch von Haus zu Haus.
Hunderttausende Hände strecken sich zueinander aus.
Menschenskind! Wenn sie erst beisammen sind!

Text: Bertolt Brecht, Melodie: Richard Rudolf Klein.

Wir

30

Text: Irmela Brender, Melodie: Horst Weber.

Dazu:

Denkt daran!

2. Der Indianerbub im Westen
und aus China Li Wang-Lo
und der schwarze Negerjunge
und der kleine Eskimo.

3. Alle sind genau so gerne
froh und lustig auf der Welt,
freu'n sich über Mond und Sterne
unterm gleichen Himmelszelt.

4. Spielen, lernen, singen, lachen,
raufen sich auch mal geschwind.
Alle sind sie Gottes Kinder,
welcher Farbe sie auch sind.

5. Laßt uns immer daran denken:
Jedem Kind sein Land gefällt.
Wir sind alle Schwestern, Brüder
in der schönen, schönen Welt.

Text: Christel Süßmann, Melodie: volkstümlich.
Melodiefassung, Textunterlegung und Satz: R.R.K.
Aus: Willkommen, lieber Tag, Band 2,
Verlag Moritz Diesterweg, Frankfurt am Main.

Dazu:

Der Samariter

2. Sie raubten ihm Hut, Rock und Schuh.
   Da lag er nun halb tot.
   Ein Priester kam und ging vorbei,
   ließ ihn in seiner Not.

3. Auch ein Levit ging rasch vorbei,
   er nahm sich keine Zeit.
   Ein Samariter kam zuletzt,
   nur er war hilfsbereit.

4. Er wäscht dem Mann die Wunden aus,
   macht einen Notverband;
   zu einem Gasthaus bringt er ihn,
   wo Unterkunft er fand.

5. Behutsam legt man ihn ins Bett.
   Der Samariter sagt:
   „Ich zahle alles. Sorgt für ihn,
   bis daß ihn nichts mehr plagt.“

6. Ein Samariter macht sich auf
   und hilft, wo er nur kann.
   Lehr du uns, Gott, die Not zu sehn
   und helfen jedermann!

Dazu:

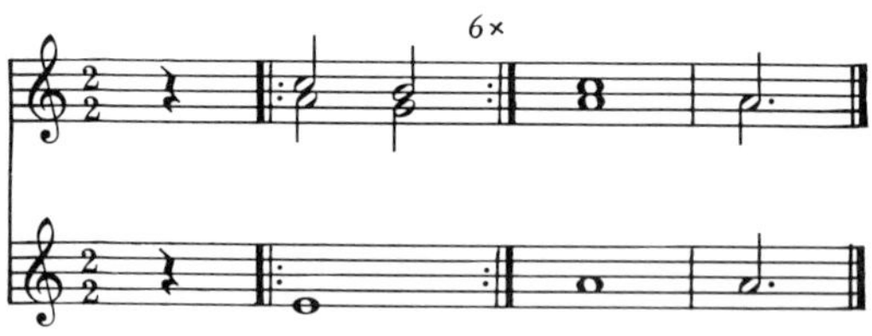

R.R.K.

Text: Britta G. Hallquist, Übertragung: Hein Meurer, aus: Gerd Watkinson, 9 × 11 neue Kinderlieder zur Bibel, Christophorus-Verlag, Freiburg i. Br., und Verlag Ernst Kaufmann, Lahr.
Melodie: Bo Ramviken, aus: Kyrkovisov, Verbum-Verlag, Örebro.

Herr Noah

2. Die Tiere kamen zwei und zwei,
die Sintflut zu überstehn,
der Elefant, der Papagei,
die Sintflut zu überstehn.
Vierzig Tage stürzt Wasser nieder zur Erde.
Vierzig Nächte! Wer wird die Flut überstehn?

3. Die Tiere kamen drei und drei, …
die Wespe, Ente, Gabelweih, …

4. Die Tiere kamen vier und vier, …
Das Nilpferd quetschte sich durch die Tür, …

5. Die Tiere kamen fünf und fünf, …
Familie Storch trägt rote Strümpf, …

6. Die Tiere kamen sechs und sechs, …
gerammelt voll sind schon die Decks, …

7. Die Tiere kamen siebn und siebn, …
Wo wird die Arche hingetrieben? …

8. Die Tiere wurden acht und acht, …
in Gottes neue Welt gebracht. …

Aus England.
Deutscher Text: Dieter Trautwein, aus: Neue Kinderlieder, Bosse-Verlag, Regensburg.

Wir teilen

1. Wir tei - len die Äp - fel aus, wir tei - len Gar-ten und Haus.

2. Wir teilen Freude und Leid,
wir teilen Bett und Kleid.

3. Wir teilen Hunger und Not,
wir teilen Wasser und Brot.

4. Wir teilen das letzte Stück,
wir teilen Trauer und Glück.

5. Wir teilen Erde und Meer,
uns fällt das Teilen schwer.

Text: Wilhelm Willms, Melodie: Wilhelm Keller.

Ich weiß einen Stern

1. Ich weiß ei - nen Stern gar wun - der - sam,
2. Ich weiß ei - nen Stern, drauf Blu - men blühn,

dar - auf man la - chen und wei - nen kann.
drauf herr - li - che Schif - fe durch Mee - re ziehn.

1. { Mit Städ - ten, voll von tau - send Din-gen,
mit Wäl-dern, dar - in die Vö - gel sin-gen, }

2. { Er trägt uns, er nährt uns, wir ha - ben ihn gern:
Er - de, so heißt un - ser lie - ber Stern, }

Text: Josef Guggenmos, Melodie: Richard Rudolf Klein.
Aus: Willkommen, lieber Tag, Band 2, Verlag Moritz Diesterweg, Frankfurt am Main.

Kleine Predigt

2. Die Lilien im Garten,
die Rosen und Levkoien,
die sagen uns, wir sollen
an Gottes Welt uns freuen.

3. Die Käfer auf den Halden,
die Nesseln und die Kressen,
die sagen uns, wir sollen
das Kleine nicht vergessen.

4. Die Brücken, die wir bauten,
Maschinen, die wir machten,
die sagen uns, wir sollen
die andern nicht verachten.

5. Die Straßen, die wir fahren,
die Autos, die wir lenken,
die sagen uns, wir sollen
an unsern Nächsten denken.

Text: Rudolf Otto Wiemer, Melodie: Wilhelm Keller.
Aus: Mosaik 201, Fidula-Verlag, Boppard a. Rh.

Manchmal hab ich Angst im Dunkeln

1. Manchmal hab' ich Angst im Dunkeln, bin ich ganz al - lein,

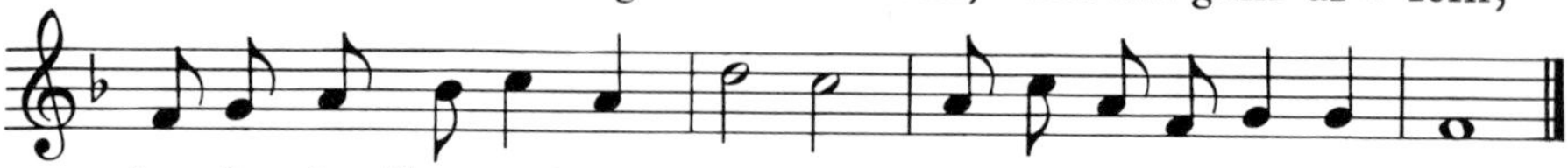

lau-fe schnell zu mei-ner Mut-ter, will bei ihr ge-bor-gen sein.

2. Hab ich einmal keine Freunde,
nie bin ich allein,
denn ich kenne einen Helfer,
der will immer bei mir sein.

3. Wo ich gehe, wo ich stehe,
bist du Gott, bei mir.
Wenn ich dich auch niemals sehe,
weiß ich sicher: du bist hier.

Dieses Lied kann im Wechsel mit dem untenstehenden Lied gesungen werden.

Text und Melodie: Gerhard Rosewich.
Aus: Singt mit, spielt mit, Band 1,
Verlag Ernst Kaufmann, Lahr,
und Kösel-Verlag, München.

Dazu:

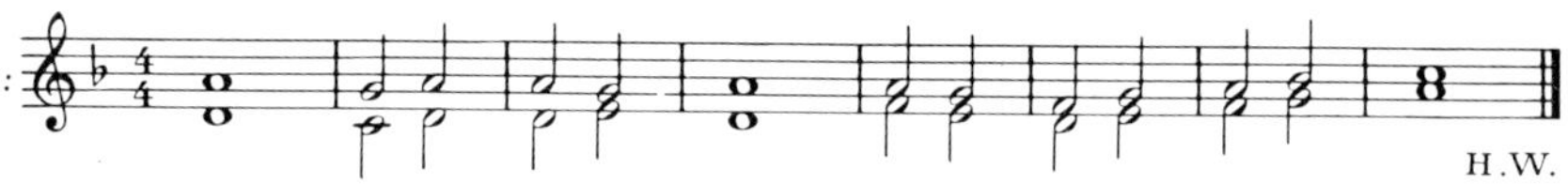

H.W.

Gott ist hier

1. Wo ich ge - he, wo ich ste - he, ist der lie - be Gott bei mir.

Wenn ich ihn auch nie - mals se - he. weiß ich dennoch: Gott ist hier.

2. Wenn ich lache, wenn ich weine, ist der liebe Gott bei mir.
Hab ich Angst und bin alleine, kann ich glauben: Er ist hier.

Text: 1. Strophe volkstümlich, 2. Strophe: Eva-Maria Tobler-Zeltner, Theologischer Verlag Zürich,
Melodie: Richard Rudolf Klein.
Aus: Willkommen, lieber Tag, Band 1, Verlag Moritz Diesterweg, Frankfurt am Main.

Dazu:

H.W.

Einigkeit und Recht und Freiheit

Text: Heinrich Hoffmann von Fallersleben, Melodie: Joseph Haydn.

Hinweise für den Lehrer

Singen ist eine elementare Äußerung des Menschen, insbesondere des Kindes. Trotz wechselnder musikdidaktischer Konzeptionen während der letzten 20 Jahre hat das Singen in der Grundschule immer seinen festen Platz gehabt. Im Musikunterricht sollte es daher angemessen berücksichtigt werden, aber nicht nur dort, sondern bei vielen Gelegenheiten im Schulalltag. Täglich gibt es für Kinder Anlässe zum Singen.

Maßstäbe für die Liedauswahl in dieser neuen Sammlung für die Grundschule waren Kindgemäßheit sowie musikalische und textliche Qualität. Dabei findet sowohl Altbewährtes als auch Neues gebührende Berücksichtigung.

Alle Lieder können und sollen selbstverständlich einstimmig gesungen werden. Das Buch bietet aber auch Hinführung zu leichter Mehrstimmigkeit, und zwar in verschiedener Form:

1. *vokaler Art:*

- einfache Kanons für zwei bis vier Gruppen

  z. B. Wachet auf (S. 1), The Little Bells of Westminster (S. 88)

- Lieder mit mehrstimmiger Schlußzeile

  z. B. Und regnet's mir zum Dach herein (S. 56), Schön ist die Welt (S. 84), In Holland, wo die Mühlen stehn (S. 112), Die Schule ist ein schönes Ding (S. 114)

- Lieder mit 2. Stimme

  z. B. Guten Morgen, liebe Sonne (S. 3), Der Lenz ist angekommen (S. 49)

2. *instrumentaler Art:*

- selbständige 2. Stimme für ein Melodieinstrument

  z. B. Alle Vögel sind schon da (S. 48), Sankt Martin (S. 102)

- rhythmische Begleitung

  z. B. Hör die alte Lokomotive (S. 20), Trat ich heute vor die Türe (S. 139)

- Begleitung für Stabspiele

  z. B. Ein Schneider fing 'ne Maus (S. 28), En zo rijden wij te peerd (S. 87)

- Begleitung für Stabspiele und Schlagwerk

  z. B. Morgens früh um sechs (S. 115), Heuten tanzen alle (S. 140)

- Gitarrenakkorde

  z. B. Auf der Mole von Messina (S. 71), Herr Noah baute einst ein Schiff (S. 145)

Die Wahl der Tonarten ergab sich aus den Erfahrungen mit der Kinderstimme, d. h. c – c'' für die wenig geübte, Erweiterung nach unten bis b und nach oben bis f'' für die trainierte Kinderstimme. Viele Lieder können auf der Sopranblockflöte mitgespielt werden.

Die Notierung der Kanons und einer Reihe von Liedern folgt, wo es drucktechnisch problemlos war, möglichst genau ihrer Form, d. h. Gleiches bzw. Entsprechendes steht untereinander, z. B. bei: Grün, grün, grün (S. 14), Musikanten, die kommen (S. 25), Neulich bin ich im Zirkus gewesen (S. 39), Kommt, ihr lieben Lerchen (S. 53). Diese Notierung erleichtert es dem Schüler, die Formteile eines Liedes zu erkennen.

Die Begleitformen zu den Liedern sind entweder in Partitur auf mehreren Systemen (z. B. S. 131 und 133) oder in vereinfachter Form auf einem System (z. B. S. 37 und S. 71) notiert. Eine Festlegung auf bestimmte Instrumente wurde weitgehend vermieden. Grundsätzlich gilt: lange Notenwerte auf Metallstabinstrumenten (Glokkenspiel, Metallophon), kurze Notenwerte auf Holzstabinstrumenten (Xylophon) ausführen.

Einige mundartliche Lieder aus verschiedenen deutschen Landschaften wurden in die jeweiligen Kapitel aufgenommen. Im Kapitel „Schön ist die Welt" werden ein paar ausgewählte Lieder original in einer Fremdsprache angeboten. Schon Grundschüler sind heute durch vielfältige Medienerfahrung in der Lage, einfache Texte z. B. in englischer und französischer Sprache zu bewältigen. Das macht ihnen meist viel Spaß. Lieder aus der Heimat der ausländischen Mitschüler sollten zunächst von Kindern aus diesen Ländern (vor-) gesungen werden. Ggf. empfiehlt sich am Anfang, nur die sich wiederholenden Wörter oder Textzeilen von der Klasse mitsingen zu lassen.

Viele Lieder fordern über das Singen hinaus zu bestimmten spielerischen Handlungen auf. Die Hinweise rhythmisch-gestischer (z. B. Ein Schneider fing 'ne Maus, S. 29), tänzerischer (z. B. Pandur andandori, S. 91) und szenischer Art (z. B. O Bur, wat kost dien Hei, S. 31) sollten frei genutzt, also ggf. mit den Kindern geändert oder erweitert werden. Bei weiteren Liedern können die Schüler solche Handlungen selbst finden und gestalten.

Lieder prägen sich nur ein, wenn sie viel gesungen werden. Solches Wiederholen sollte vielgestaltig und abwechslungsreich sein. Die Lied-Kantate bietet sich dabei als eine Form an, die die Kinder stark zu motivieren vermag und zugleich eine Wiederholung von Liedern unter einem Thema ermöglicht. Musikinstrumente für Vor-, Zwischen- und Nachspiele, zum Mitspielen wie zum Begleiten können hier besonders gut zum Einsatz kommen. Im folgenden zwei Kantaten-Vorschläge, die entsprechend auf andere Themen (Weihnachten, Abend, Sommer ...) übertragen werden können.

MORGEN

unter Verwendung folgender Lieder:

- Bruder Jakob, S. 2
- Heraus aus den Betten, S. 2
- Guten Morgen, liebe Sonne, S. 3

Eine Kombination ist tonartlich problemlos, da alle drei Lieder in F-Dur notiert sind.

1 Vorspiel: Ostinato zu „Bruder Jakob“

2 „Bruder Jakob“ einstimmig singen

3 Zwischenspiel: Melodie des Kanons auf beliebigem Melodieinstrument spielen, dazu Ostinato

4 Ostinato zu „Heraus aus den Betten“:

zweimal spielen,

5 dann das Lied dazu singen, etwa in folgender Aufteilung:

1. Strophe: alle
2. Strophe: Gruppe 1
3. Strophe: Gruppe 2
4. Strophe: alle

6 „Bruder Jakob“ als Kanon singen und spielen, z. B.: Gruppe 1 und 2 singen die Einsätze 1 und 3, zwei Blockflöten spielen die Einsätze 2 und 4, dazu Ostinato

7 Zwischenspiel: Melodie: „Guten Morgen, liebe Sonne“ (zwei Blockflöten)

8 Lied „Guten Morgen, liebe Sonne“:

1. Strophe: alle, dazu Blockflöten einstimmig
2. Strophe: einige, letzte Zeile alle, ggf. zweistimmig
3. Strophe: wie 2. Strophe, dazu Blockflöten

TANZEN, SINGEN, SPIELEN

unter Verwendung folgender Lieder:

- Wenn du mit uns tanzen willst, S. 26
- Werft 'nen Heller, S. 26
- Ach, lieber Schuster du, S. 27

Da ein Lied in F-Dur, die beiden anderen in G-Dur stehen, ist eine Transposition notwendig.

„Wenn du mit uns tanzen willst" wird also um einen Ganzton höher nach G-Dur transponiert:

1	Vorspiel: letzte Zeile des Schustertanzes (Blockflöte), dazu 2. Zeile der Begleitform (Oberstimme auf Sopran-, Unterstimme auf Altxylophon), dazu zwei Pauken auf G und D
2	„Wenn du mit uns tanzen willst", 1. Strophe: einer spricht den Text (Textwiederholungen entfallen), dann singen alle die 1. Strophe, dazu Gitarrenbegleitung und vom ersten „nicht ein" an bis zum Schluß:

Stabspiele

Unterstimme auch auf 2 Pauken zu spielen

3	Zwischenspiel: wie Vorspiel
4	2. Strophe: einer, gesungen, Gitarre dazu, ab „nicht ein" wie 1. Strophe
5	Zwischenspiel: wie Vorspiel
6	3. Strophe: wie 2. Strophe

7 Zwischenspiel: wie Vorspiel, dazu Melodie miträllern, z. B.
|: da / didadida / jampampam da / didadida / da :|

8 4. Strophe: alle, Begleitung wie 1. Strophe

9 Zwischenspiel: Zeilen 1 und 2 des Schustertanzes auf Blockflöten, dazu Begleitform, ggf. von 3 Spielern ausgeführt:

1. Spieler
2. Spieler
3. Spieler

10 „Werft 'nen Heller", Einleitung: Begleitform bis zur 2. Klammer einschließlich.

11 1. Strophe: Zeile 1: einer, Wiederholung: alle
Zeile 2: einer, Wiederholung: alle, dazu Begleitform

Stehen mehrere Stabspiele zur Verfügung, so können beim Einzelgesang jeweils ein Instrument, bei der Wiederholung mehrere Instrumente mitspielen.

Ausführungsmöglichkeiten für den Orgelpunkt:

- Streich- oder Blasinstrument
- Baß-Xylophon oder Großbaßstäbe als Tremolo (mit zwei Schlägeln)
- auf tiefer Pauke (auf G gestimmt) mit beiden Händen trommeln

12 Zwischenspiel: wie 10

13 2.–4. Strophe: wie 1. Strophe; dazwischen jeweils Zwischenspiel (Einleitung)

14 Nachspiel: „Ach, lieber Schuster du" instrumental, Zeilen 1 und 2

Bei dieser Kantate ist auch eine szenisch-tänzerische Gestaltung möglich, die von einzelnen Kindern und einer kleinen Gruppe ausgeführt werden kann. Die Texte der Lieder geben genügend Hinweise auf die Gestaltungsmöglichkeiten.

Solche einfachen Liedkantaten können aus dem Musikunterricht und sonstigem Singen im Schulalltag erwachsen und bei vielfältigen Veranstaltungen des Schullebens Verwendung finden, z. B. Klassenfest, Begrüßung der Schulanfänger, Elternabend, Schulfest, Besuch im Seniorenheim usw.

H. W.

Alphabetisches Verzeichnis der Liedanfänge

987 654